N L P

für Anfänger

16 geniale und effektive

NLP-Techniken

um Ihr Unterbewusstsein auf Selbstbewusstsein,

Erfolg und Glück zu programmieren

Autoren: M. Rock und D. Leben

Inhaltsverzeichnis

Vorwort

Hast Du Ziele, die Du schon immer erreichen wolltest, aber bisher noch nie verwirklichen konntest? Dann ist dieses Buch goldrichtig für dich! Es ist kein Zufall warum manche Menschen erfolgreicher sind als andere. Sie haben einfach gelernt ihre Gedanken besser unter Kontrolle zu bekommen und im Nachhinein in die Richtung zu steuern, die sie wirklich weiterbringt. Auch Du kannst das schaffen, wenn Du dich mit deiner eigenen Psyche beschäftigst und dich dann an den richtigen Werkzeugen bedienst.

Keine Sorge: Du musst hierfür kein Psychologe werden. Ich werde dir in diesem NLP-Buch alle wichtigen Prinzipien mit an die Hand geben, die dir dabei helfen werden einen großen Schritt weiter zu kommen und deine eigenen Ziele endlich Wirklichkeit werden zu lassen. Umso wichtiger ist es, dass Du dieses Buch auch mit voller Aufmerksamkeit liest. Es bringt überhaupt nichts dieses Buch in einem Durchgang zu überfliegen, ohne dabei irgendetwas richtig verstanden zu haben. Wenn Du dir ausreichend Zeit nimmst, wirst Du auch bemerken, dass Du einen großen Schritt weiterkommst und im Endeffekt viel schneller und einfacher das verwirklichen kannst, was Du eigentlich wolltest.

Damit Du die NLP-Techniken, jedoch korrekt anwenden kannst, werde ich dich erstmal mit den wichtigsten Grundkenntnissen vertraut machen. Sie werden die Grundlage bilden. Du kannst dir das Ganze wie bei einem Hausbau vorstellen. Wenn wir zuerst die Grundbasis haben, können wir erst weitermachen und das Haus zu Ende bauen. Die Praxis wird in diesem Buch selbstverständlich auch nicht zu kurz kommen. Ganz im Gegenteil! Dieser Ratgeber wird sogar praxisorientiert sein. Die Tipps und Strategien in deinem Buch kannst Du direkt in die Tat umsetzen, sodass Du zeitnah die gewünschten Ergebnisse erzielen wirst. Mit diesen Worten möchte ich auch schon dieses Vorwort beenden und wünsche dir viel Spaß beim Lesen.

von

N L P

(Neuro-Linguistisches - Programmieren)

für Anfänger

Was ist eigentlich NLP

und wie funktioniert es?

NLP (Ausgeschrieben= Neurolinguistisches Programmieren) ist im Grunde nur eine Ansammlung von Techniken und Strategien, die vor allem der zwischenmenschlichen Kommunikation dienen, um Veränderungen der Psyche herbei zu rufen. Da sich das neurolinguistische Programmieren in den letzten Jahren als sehr effektiv präsentiert hat, wird es auch immer mehr in den Einsatz gebracht. Das NLP wurde im Jahren 1970 von Richard Bandler und John Grinder zu Zeiten des Human Potential Movements entwickelt. Heutzutage wird das neurolinguistische Programmieren in vielen verschiedenen Bereichen wie zum Beispiel auch dem Profisport eingesetzt. Doch was ist eigentlich das NLP und warum ist es in den letzten Jahren so effektiv geworden? Wir wollen auf die einzelnen Buchstaben eingehen, damit Du einen besseren Überblick bekommst und auch weißt worauf es schlussendlich ankommt.

N: Das ,,N" steht im NLP für das Neurolinguistische. Hiermit sind vor allem die Prozesse im Gehirn gemeint, die mit den richtigen Techniken und Strategien in die gewünschte Richtung geleitet werden können. In den meisten Fällen sind hierfür die synaptischen Verbindungen verantwortlich, die ansonsten nicht so einfach zu erklären sind. Die Verbindung zwischen Gedanken und Handlungen wurde schon bei der Psychoanalyse erkannt und hier auch schon wissenschaftlich auf den Grund gegangen. Darüber hinaus ist das Gehirn der Ort, wo die meisten Glaubenssätze gebildet werden. Genau hier kommt das neurolinguistische Programmieren ins Spiel. Mit Hilfe von den richtigen Strategien kann man langfristig viel mehr verändern, um im Nachhinein auch ein Mindset zu haben, was einem hilft. Am Tag denken wir ca. 60.000 Gedanken. Davon sind, jedoch gerade einmal 3% positiv und wirklich brauchbar. Den Rest kann man sprichwörtlich in die Tonne schmeißen. Umso wichtiger ist es, dass man sich über diesen Prozess bewusst wird, damit man im Nachhinein mit den passenden Strategien einfacher und schneller das verwirklichen kann, was man eigentlich möchte.

L: Das „L" im Linguistischen steht für das Sprachliche. Vielleicht hast Du auch schon mal etwas von dem Satz :„Man kann nicht nicht kommunizieren" gehört. An diesem Satz ist viel mehr dran, als sich die meisten Menschen bewusst sind. Er wurde von den Sprachwissenschaften entwickelt und weiter getragen und hat auch noch heutzutage sehr große Bedeutung. Auch wenn wir es nicht wollen: Wir kommunizieren immer auf eine bestimmte Art und Weise. Gerade wenn es um unsere Körpersprache geht, können wir ziemlich schnell erkennen, dass diese so gut wie immer aktiv ist und auch immer etwas zu sagen hat. Umso wichtiger ist es, dass wir an dieser Stelle ansetzen und einen Weg finden wie wir diesen Strom so leicht wie möglich lenken können. Genau hier kommt das neurolinguistische Programmieren ins Spiel. Unsere Sprache ist nämlich ein sehr mächtiges Werkzeug. Wenn wir wissen wie wir mit diesen Werkzeugen richtig umgehen, werden wir bemerken, dass wir einen großen Schritt weiterkommen und unsere eigenen Ziele viel schneller und einfacher verwirklichen können. In den meisten Fällen kommt es nur darauf an, dass wir endlich den ersten Schritt machen und damit anfangen etwas zu verändern. Das können wir am besten durch unsere Sprache. Im Alltag kontrollieren unsere Gedanken und Gefühle eher uns, anstatt andersherum. Daran können wir, jedoch ganz bewusst etwas ändern, indem wir zum Beispiel unsere Sprache richtig einsetzen, um Glaubenssätze zu formen. In den Sprachwissenschaften ist der Einfluss der Sprache auf die eigene Psyche und somit auch Gefühlswelt schon lange bekannt. Das neurolinguistische Programmieren führt diesen Gedanken weiter und hilft dir mit verschiedenen Übungen und Techniken dabei ein besseres Ich aus dir selbst zu machen.

P: Das „P" im NLP steht für das Programmieren. Im Grunde ist es das Herzstück vom NLP, was man sich auf jeden Fall genauer anschauen sollte. Hier finden nämlich die wichtigsten Entscheidungen statt, die man ansonsten gar nicht mitbekommen würde. Wie der Name es schon verrät, verändert sich genau hier etwas. Wenn Du beispielsweise mit den richtigen NLP-Werkzeugen deine Glaubenssätze veränderst, wirst Du bemerken, dass Du einen großen Schritt weiterkommen wirst und auch viel schneller und einfacher das verwirklichen kannst, was Du eigentlich willst. Beim Programmieren selbst verändern sich auch sehr viele Prozesse in dem eigenen Gehirn, was man ansonsten eigentlich nicht ernst nehmen muss. Umso wichtiger ist es, dass man an dieser Stelle ansetzt und nach langfristigen Lösungen sucht, die einen weiterbringen werden. Ich werde dir im Verlauf dieses Buches noch zeigen wie Du Schritt für Schritt weiterkommen kannst und ganz einfach und schnell deine Glaubenssätze verändern kannst, wenn Du weißt worauf es ankommt.

In welchen Bereichen lässt sich das NLP einsetzen?

Die Frage stellt sich nun zuletzt in welchen Bereichen sich das neurolinguistische Programmieren eigentlich einsetzen lässt. Im Grunde ist es gar nicht so schwer, wenn man weiß wie es funktioniert und was man bei der Umsetzung alles zu beachten hat. Damit Du einen besseren Überblick bekommst, wollen wir dir zeigen in welchen Bereichen Du das NLP alles einsetzen kannst.

<u>Im persönlichen Leben:</u>

Gerade im persönlichen Leben lässt sich das neurolinguistische Programmieren besonders gut einsetzen. Die meisten Menschen sind so sehr im Alltag gefangen, sodass sie gar nicht wissen, was sie eigentlich im Leben erreichen wollen. Umso wichtiger ist es an dieser Stelle anzusetzen und heraus zu finden wie man mit den richtigen Werkzeugen dahin kommen kann, wo man eigentlich möchte. Mit den richtigen NLP-Methoden kannst Du nämlich auch ganz einfach und schnell deinen eigenen Zielen näher kommen, ohne gleich auf zu geben oder die Motivation zu verlieren. Nicht selten ist man am Anfang eines großen Zieles noch ziemlich motiviert bis man bemerkt, dass nicht sonderlich viel davon mehr da ist. Das bedeutet, aber noch lange nicht, dass man nichts daran verändern kann. Man muss nur wissen worauf es ankommt und sich dann an den richtigen

Werkzeugen bedienen, die ich dir selbst im NLP mit auf den Weg geben werde.

Im Berufsleben:

 Am Tag arbeitet der Mensch im Durchschnitt 8 Stunden. Im Großen und Ganzen nimmt unser Beruf einen riesengroßen Teil unseres Lebens ein. Die wenigsten machen sich, jedoch Gedanken, ob sie wirklich mit dem glücklich sind, was sie tun. Auch wenn wir etwas von unserem Chef oder unseren Arbeitskollegen möchten, machen wir uns in den wenigsten Fällen Gedanken darüber wie wir diese eine Sache bekommen können. Auch hier kommt wieder das neurolinguistische Programmieren ins Spiel. Wenn man etwas Bestimmtes von seinem Vorgesetzten bekommen möchte, sollte man sich auch an bestimmten Techniken bedienen, um sicherzustellen, dass man dahin kommen kann, wo man es eigentlich will. Im Grunde ist es gar nicht so schwer, wenn man weiß worauf es ankommt und was man bei der Umsetzung alles zu beachten hat. Das Gleiche gilt selbstverständlich auch für die eigenen Kollegen. Auch das zwischenmenschliche Miteinander lässt sich mit den richtigen NLP-Strategien verändern.

Im Sozialleben:

Auch im sozialen Miteinander kommuniziert man
ständig. Nicht selten kommt es zu
Missverständnissen, gerade bei Partnerschaften.
Auch hiergegen kann man schnell etwas
unternehmen, wenn man weiß worauf es ankommt
und was man bei der Umsetzung alles zu beachten
hat. So kann man zum Beispiel mit Hilfe des Pacings
zuerst das Vertrauen eines Menschen für sich
gewinnen und im Nachhinein mit dem Leading das
erreichen, was man sich eigentlich vorgestellt hat. Wie
diese beiden Techniken im Genauen funktionieren,
werde ich dir im Verlauf dieses Ratgebers noch einmal
genau erklären.

In Liebesbeziehungen:

 Auch in Liebesbeziehungen lässt sich das
neurolinguistische Programmieren besonders gut
einsetzen. Gerade wenn man ein Problem hat und
den Gesprächspartner zum Beispiel dazu animieren
möchte ihm zu einem Konfliktgespräch einzuladen.

Die besten Strategien und Techniken im NLP

Nun wollen wir auch mit den wichtigsten Strategien und Techniken im neurolinguistischen Programmieren anfangen. Diese kannst Du direkt in deinen Alltag implementieren, um heraus zu finden wie Du ganz einfach und schnell dein eigenes Ziel verwirklichen kannst. Im Grunde ist es gar nicht so schwer, wenn Du weißt worauf es ankommt und was Du alles bei der Umsetzung zu beachten hast. Wichtig hierbei ist es, jedoch sich realistische Ziele zu setzen. Du wirst nicht alles von heute auf morgen verändern können und das ist es auch gar nicht worauf es schlussendlich ankommt. Viel wichtiger ist es jeden Tag aufs Neue einen Schritt zu machen, um schlussendlich auch dahin zu kommen, wo man es sich gewünscht hat. Nur wenn Du das machst, kannst Du langfristig auch wirklich Erfolge erzielen.

<u>**Das Reframing:**</u>

Wir haben schon am Anfang über die Macht von Gedanken gesprochen. Unsere Gedanken kontrollieren uns, ob wir wollen oder nicht. Umso wichtiger ist es an dieser Stelle anzusetzen und Schritt für Schritt mehr Kontrolle über unsere eigenen Gedanken zu erhalten. Wenn Du das machst, wirst Du bemerken, dass Du einen großen Schritt weiterkommst und auch viel schneller und einfacher dahin kommen kannst, wo Du es eigentlich wolltest. Wir haben, aber auch schon festgestellt, dass viele negative Gedanken unseren Alltag bestimmen. Das bedeutet, aber nicht, dass wir nicht daran etwas verändern können. Mit Hilfe des Reframings können wir effektiv unsere Gedanken verändern und werden auch bemerken, dass wir damit schlussendlich einen großen Schritt weiterkommen werden. Doch worum geht es eigentlich bei dieser Methode und warum ist diese so effektiv? Beim Reframing geht es im Grunde darum negative Gedanken in einen neuen Kontext zu setzen. Hierbei kommt es nicht darauf an seine eigenen Gedanken zu ignorieren. Das sollte man auf keinen Fall machen, da dies genau das Gegenteil von dem bewirken würde, was man eigentlich erreichen möchte. Der erste Schritt beim Reframing besteht immer daraus die Realität erstmal so anzuerkennen wie sie ist. Das ist im Grunde der erste Schritt. Dabei verbleibt es, jedoch nicht. Der nächste Schritt ist mindestens genauso wichtig, wenn nicht sogar wichtiger. Wir beginnen damit diese Gedanken in einen neuen Kontext zu setzen. So können wir zum Beispiel auch einfacher Lösungen für unsere Probleme finden. In den meisten Fällen ist nämlich das Problem alleine nicht das wirkliche Problem. Es kommt viel mehr darauf an wie man mit diesem Problem umgeht. Einfach nur wegzuschauen wird nur das Gegenteil von dem erreichen, was man eigentlich verwirklichen möchte. Das bedeutet, aber noch lange nicht, dass man es dabei belassen muss. Beim Reframing geht es genau darum einen neuen Rahmen zu schaffen, um weiter zu kommen und schlussendlich das zu schaffen, was man eigentlich möchte.

Das Cutting:

Jeder von uns hat bestimmte Ziele im Leben. Vielleicht hast Du das auch schon einmal erlebt. Am Ende des Jahres ist die Motivation groß, Du schreibst dir eine Liste von Zielen, die Du im neuen Jahr verwirklichen willst und bist am Anfang noch sehr motiviert. Diese Motivation verschwindet, jedoch nach wenigen Wochen. Die meisten Menschen fragen sich an dieser Stelle woran es liegen könnte und versuchen auch sehr oft nach Ausreden zu suchen. In den meisten Fällen hat man sich einfach viel zu viel vorgenommen und weiß deswegen auch nicht mehr wie man mit diesem großen Ziel umgehen soll. Wie es bei vielen anderen Dingen im Leben auch ist, bedeutet es, aber noch lange nicht, dass man nichts daran verändern kann. Mit Hilfe von dem Cutting kann man sein großes Ziel in viele kleine Unterziele einteilen. Ein großer Vorteil von diesem Cutting ist, dass Du schneller deine eigenen Ziele erreichen kannst und damit auch selbstwirksam wirst. Das Prinzip der Selbstwirksamkeit ist schon lange in der Psychologie bekannt. Hierbei geht es nicht darum anderen Menschen etwas zu beweisen, sondern sich selbst. Je selbstwirksamer Du wirst, desto weiter wirst Du auch kommen und kannst im Endeffekt auch viel schneller und einfacher das verwirklichen, was Du eigentlich möchtest. So ist zum Beispiel das große Ziel Abnehmen das perfekte Beispiel dafür, dass sich die allermeisten Menschen zu viel vornehmen und sich im Nachhinein darüber wundern warum sie gar nichts mehr von dem schaffen, was sie eigentlich wollten. Dem kann man entgegenwirken, indem man das Werkzeug des Cuttings verwendet, um schneller an sein eigentliches Ziel zu gelangen und das ohne seine Motivation zu verlieren. Das ist es nämlich worauf es schlussendlich ankommt. Deswegen sollte man bevor man ein großes Ziel angeht, sehr gut überlegen wie man dieses Ziel verwirklichen möchte, denn ansonsten kann man sein großes Ziel ziemlich schnell aus den Augen verlieren und am Ende auch seine Motivation.

Das Pacing:

Wie wir schon am Anfang festgestellt haben, kann man das NLP auch in zwischenmenschlichen Situationen einsetzen. Gerade wenn es darum geht das Vertrauen anderer Menschen für sich zu gewinnen eignet sich das neurolinguistische Programmieren besonders gut dafür. Gerade wenn man auf unbewusste Art und Weise versuchen will, wird man bemerken, dass man mit dieser Strategie besonders weit kommen wird und auch viel schneller und einfacher das erreichen kann, was man eigentlich möchte. Beim Pacing ist es vor allem der Tonfall, die Lautstärke, das Sprechtempo, die Körperhaltung, die Distanz, und die des Auftretens, die eine besonders große Rolle spielen. Man versucht nämlich diese sprachlichen Instanzen nach zu ahmen, und zwar ohne, dass der eigene Gesprächspartner etwas davon bemerkt. Man sollte niemals versuchen beim Pacing eine Person ganz zu kopieren. Diese wird das nämlich ziemlich schnell bemerken und im Nachhinein auch schlecht bewerten. Umso wichtiger ist es an dieser Stelle anzusetzen und heraus zu finden wie man ganz unbemerkt seinen Gesprächspartner nachahmen kann. Das kann man ganz einfach dadurch indem man zwischen dem Pacing eine Zeitspanne von 10 Sekunden lässt. Darüber hinaus sollte man auch immer wieder auf die Reaktion des eigenen Gesprächspartner Acht geben. Das ist es nämlich worauf es schlussendlich ankommt und wo man auch einen großen Schritt weiterkommen kann, wenn man sich ein paar Mal in diese Technik eingeübt hat. Das Pacing wird in der Psychologie auch mit den Wörtern „Anpassen" , „Mitgehen", „ Spiegeln" betitelt. Das ist es nämlich worauf es schlussendlich ankommt. Man sollte beim Pacing niemals versuchen eine Person voll und ganz nach zu machen. Ansonsten wird man genau das Gegenteil von dem bewirken, was man eigentlich erreichen will.

Das Leading:

Der nächste Schritt bezeichnet man nun als Leading. Beim Leaden geht es darum, wie der Name es schon sagt, jemanden zu führen. Hierbei sollte man, wie beim Pacing darauf achten, dass man es so unbewusst wie nur möglich macht. Denn ansonsten kann man genau das Gegenteil von dem erzeugen, was man eigentlich erreichen möchte. Leader sehen wir in unserer heutigen Zeit überall. Manager müssen im Grunde immer leaden. Keine Sorge: Du musst kein Manager sein, um beim Leading erfolgreich zu sein und das zu erreichen, was Du eigentlich möchtest. Viel wichtiger ist es, dass Du dadurch eine Gewohnheit entwickelst, um weiter zu kommen und schlussendlich auch das zu erreichen, was Du eigentlich möchtest. Beim Leading kommt vor allem die Körpersprache ins Spiel, wodurch Du ganz einfach und schnell die Kontrolle übernehmen kannst und das Ganze, ohne dass dein Gesprächspartner etwas davon bemerkt oder dich verdächtig macht.

Der Future-Space:

Der Future-Space ist im Grunde nichts anderes, als eine Visulationsübung mit großer Wirkung. Gerade Menschen, die sich nicht wirklich in die Zukunft hinein versetzen können und Schwierigkeiten damit haben die notwendigen Motivation zu entwickeln, werden bemerken, dass sie mit dem Future-Space einen großen Schritt weiterkommen werden und auch viel schneller und einfacher das verwirklichen werden, was sie eigentlich möchten. Das Gute und Praktische ist, dass Du den Future-Space im Grunde überall zum Einsatz bringen kannst. Alles was Du hierfür machen musst ist es deine Augen für einen kurzen Augenblick zu schließen. Dann kannst Du dich selbst in deiner Wunschzukunft vorstellen. Hierbei solltest Du so genau wie möglich sein. Wenn Du das machst, wirst Du bemerken, dass Du einen großen Schritt weiterkommst und auch viel schneller und einfacher das erreichen kannst, was Du eigentlich möchtest. Auch im Profisport wird der Future-Space immer wieder vor wichtigen Wettkämpfen zum Einsatz gebracht, um die Leistung der Sportler herauf zu schrauben. In den Sportwissenschaften ist die Wirkung von dem Future-Space schon sehr lange bekannt und wird deswegen auch besonders häufig angewendet. Gerade im Fußball oder bei Olympia führen sich die Besten der besten immer innerlich vor Augen, was sie am Ende erreichen wollen bzw. wo sie stehen werden. So können sie im Nachhinein beim Lauf oder Spiel die beste Leistung erreichen und werden auch bemerken, dass sie einen riesen großen Schritt weiterkommen werden. Auch Du kannst den

Future-Space in deinem Alltag einsetzen, um deinen eigenen Zielen näher zu kommen. Gerade wenn es dir selbst an Motivation fehlt, wirst Du bemerken, dass sich dieses Werkzeug besonders gut eignet, um die eigene Motivation zu verbessern.

Swish:

Swish ist ursprünglich eine Kunstwort und heutzutage als eine sehr effektive NLP-Methode bekannt, die dir selbst dabei helfen kann mit negativen Gedanken umzugehen. Wir haben schon am Anfang darüber gesprochen wie wichtig es ist mit negativen Gedanken umzugehen, denn das ist es worauf es schlussendlich ankommt und worauf man auch seinen Fokus legen sollte. Ausgangspunkt ist also, dass ein negatives Gefühl mit einer bestimmten Situation verbunden ist wie zum Beispiel das Einsteigen in eine Bahn. Um welche Situation es sich handelt, spielt im Grunde keine große Rolle, denn die Swish-Methode funktioniert im Grunde in jeder Situation. Zuerst musst Du dir die negative Situation mit dem negativen Gefühl vorstellen. Danach stellst Du dir eine andere Situation mit einem positiven Gefühl vor. Auch hier spielt es in erster Linie keine große Rolle um welche Situation es sich handelt. Der eigentliche Swish kommt nun jetzt ins Spiel. Als Erstes stellst Du dir die ganz normale negative Situation bildlich vor Augen vor. Danach kannst Du dir das positive Bild wie einen kleinen Punkt in dem eigentlichen Bild vorstellen. Nun stellst Du dir bildlich vor wie das positive Bild immer größer wird und das eigentliche Bild überdeckt. Genau hier passiert auch der eigentliche Swish, indem das eine Bild von dem anderen Bild überdeckt wird. Im Grunde ist es gar nicht so schwer, wenn man weiß worauf es ankommt und was man bei der Umsetzung alles zu beachten hat. Wenn Du das machst, wirst Du bemerken, dass Du einen großen Schritt weiterkommen wirst und auch viel schneller und einfacher das machen kannst, was Du eigentlich möchtest. Gerade wenn man mit einer negativen Gewohnheit zu kämpfen hat, die man unbedingt verändern möchte, kann man die Swish-Methode, um seine destruktiven Gewohnheiten Schritt für Schritt ab zu legen und schlussendlich das zu erreichen, was man eigentlich möchte. Wenn Du das machst, wirst Du bemerken, dass Du einen großen Schritt weiterkommst und schlussendlich auch das verwirklichen kannst, was Du eigentlich möchtest.

Was sind eigentlich Glaubenssätze?

Hast Du dich schon einmal gefragt warum Du die Dinge heute so gemacht hast, wie Du sie heute gemacht hast? Die wenigsten Menschen machen sich wirklich bewusst, was sie eigentlich im Leben möchten. In den meisten Fällen liegt es daran, dass sie so sehr im Alltag gefangen sind, sodass sie keinen Überblick mehr darüber haben, was sie eigentlich möchten und was nicht. Darüber hinaus gibt es noch einen anderen Faktor, der besonders wichtig ist und der im neurolinguistischen Programmieren auch eine große Rolle spielt, und zwar Glaubenssätze. Vielleicht hast Du schon mal etwas von diesem Begriff gehört oder auch nicht. Ich möchte dir, in diesem Kapitel zeigen was Glaubenssätze eigentlich aus der NLP-Sicht sind und warum sie so wichtig für einen selbst sind.

Glaubenssätze stehen in den meisten Fällen niemals alleine da. Im neurolinguistischen Programmieren unterscheidet man zwischen normalen und verankerten Glaubenssätze. D e verankerten

Glaubenssätze haben sich in den meisten Fällen in den frühen Jahren der eigenen Kindheit gebildet und sind, wie der Name es schon sagt, tief in die eigene Psyche verankert. Deswegen sind sie auch schwieriger wieder ab zu bauen wie das zum Beispiel bei normalen Glaubenssätzen der Fall ist. Umso wichtiger ist es an dieser Stelle anzusetzen und Strategien zu finden wie man ganz einfach und schnell seine eigenen Gedanken wieder unter Kontrolle bekommen kann. Im Grunde ist es gar nicht so schwer, wenn man weiß worauf es ankommt und was man bei der Umsetzung zu beachten hat.

Im Alltag nutzen wir Glaubenssätze ständig, indem wir denken. Meistens verwenden wir sie, um unsere eigene Realität zu bestätigen. Da die meisten Prozesse, jedoch unbewusst ablaufen machen sich die wenigsten Menschen ernsthafte Gedanken darüber. Das bedeutet, aber nicht, dass man nicht etwas daran verändern kann. Mit Hilfe von den richtigen NLP-Strategien kannst Du deine eigenen Glaubenssätze verändern und wirst auch merken, dass Du dadurch viel schneller dahin kommen wirst, wo Du es eigentlich möchtest.

Doch wie bildet sich eigentlich so ein Glaubenssystem? Die Antwort hierauf ist im Grunde ganz einfach: Durch unser Umfeld! In den Sozialwissenschaften gibt es viele verschiedene Instanzen, die auf einen selbst einwirken und eine große Rolle spielen wie zum Beispiel die erste Sozialisationsinstanz die Erziehung. Es sind, aber nicht nur die eigenen Eltern, die einen selbst prägen, sondern auch viel mehr. So haben zum Beispiel auch Medien und Freunde einen riesengroßen Einfluss auf einen Selbst, den man auf keinen Fall außer Acht lassen sollte.

Gerade in den ersten Lebensjahren werden die
verankerten Glaubenssätze gebildet, die im
Nachhinein auch nicht mehr so schwer ab zu bauen
sind. Wenn eine Mutter zum Beispiel ihrem Kind
schon in frühen Lebensjahren sagt :,,Das macht man
nicht…", oder :,,Das gehört sich nicht…", dann wird
sich genau dieser Glaubenssatz über die Jahre in
einen selbst manifestieren. Daher ist es auch wichtig
im ersten Schritt zu beobachten, bevor man etwas
verändern möchte. Das ist es nämlich worauf es
schlussendlich ankommt und worauf man auch seinen
Fokus legen sollte.

Wie kann man negative Glaubenssätze transformieren?

Eine wichtige Frage mit der sich das NLP beschäftigt
sind Glaubenssätze. Wie kann man seine negativen
Glaubenssätze transformieren und was hat man bei
der Umsetzung alles zu beachten? Ich werde dir in
diesem Kapitel zeigen wie Du mit verschiedenen
Techniken deine Gedanken unter Kontrolle
bekommen kannst und im Nachhinein das
verwirklichen kannst, was Du eigentlich möchtest. Im
Grunde ist es gar nicht so schwierig, wenn Du es
einmal verstanden hast und auch weißt worauf es
ankommt.

<u>Deine Gedanken zu Papier bringen:</u>

Der erste und wichtigste Schritt ist es dir über deine
eigenen Gedanken bewusst zu werden. Deine
Gedanken einfach zu verdrängen wird dich keinen

einzigen Schritt weiterbringen und auch nicht dazu
führen, dass Du dahin kommst, wo Du es eigentlich
möchtest. Umso wichtiger ist es an dieser Stelle
anzusetzen und heraus zu finden wie Du ganz einfach
und schnell dahin kommen kannst, wo Du es willst.
Schon in der alten griechischen Philosophie war
bekannt, dass der erste und wichtigste Schritt der
Schritt der Bewusstmachung ist. Auch heutzutage hat
sich so gut wie gar nichts daran verändert. Umso
wichtiger ist es, dass man an dieser Stelle ansetzt und
damit beginnt seine eigenen Gedanken zu Papier zu
bringen. Am besten kann man das Ende des Tages
machen. Zu diesem Zeitpunkt hat man nämlich die
Zeit noch mal den Tag zu reflektieren und
herauszufinden, was man gut gemacht und was man
verbessern könnte. Bei diesem Schritt ist es wichtig so
ehrlich wie möglich zu bleiben. Es bringt überhaupt
nichts sich selbst vor zu machen, dass alles in
Ordnung ist, wenn es nicht der Realität entspricht. Mit
Hilfe eines Gedankentagesbuches kannst Du nicht nur
einen besseren Überblick über deine eigenen
Gedanken bekommen, sondern diese im Nachhinein
auch einfacher zu transformieren. Im Grunde ist es
gar nicht so schwer, wenn Du es einmal probiert hast
und dann immer weiter machst.

<u>Formuliere neue positive Glaubenssätze:</u>

Der nächste Schritt besteht nun darin neue und
positive Glaubenssätze zu formulieren. Wenn Du das
machst, wirst Du auch bemerken, dass Du einen
großen Schritt weiterkommen wirst und deine eigenen
Ziele im Nachhinein auch viel schneller und effektiver
verwirklichen kannst. Die meisten Menschen
beschäftigen sich im Alltag nur damit, was sie nicht
können. Bestimmt hast Du auch schon einmal Sätze
gehört wie zum Beispiel :,,Ich kann das nicht.." oder

solche Sätze auch schon zu dir selbst gesagt. Da diese Glaubenssätze mittlerweile unbewusst ablaufen, bemerken wir in den wenigsten Fällen etwas davon. Das bedeutet, aber nicht, dass wir nicht daran etwas verändern können. Der erste und wichtigste Schritt besteht darin, dass wir erkennen, dass unser inneres Auge das Wort „**Nicht**" keineswegs erkennen kann. Umso fataler ist es diesen Begriff immer wieder in unseren alltäglichen Sprachgebrauch zu bringen. Wir verschlechtern damit nicht nur unseren eigenen Gefühlszustand, sondern halten uns selbst auch davon ab endlich das zu erreichen, was wir eigentlich möchten. Doch wie kann man etwas daran verändern und was hat man bei der Umsetzung alles zu beachten? Im NLP wie auch in der Psychologie ist der Akt des Schreibens schon lange als Selbsttherapie bekannt. Umso wichtiger ist es, dass wir diese Methode auch am Anfang anwenden, da wir damit am besten und schnellsten etwas verändern können. Überlege dir selbst welche Glaubenssätze dir dabei helfen würden deine Ziele zu erreichen. Welche Gedanken würden dich weiterbringen und welche zurückhalten? All das sind Fragen, die man sich auf jeden Fall stellen sollte, um bewusster und effektiver mit seinen eigenen Gedanken umzugehen. Wenn Du das machst, wirst Du bemerken, dass Du einen großen Schritt weiterkommst und im Nachhinein auch viel schneller und einfacher das erreichen kannst, was Du eigentlich möchtest. Es ist sogar sinnvoll an dieser Stelle sich ein Heft zu zu legen und dort seine positiven Glaubenssätze festzuhalten. Wenn Du das machst, wirst Du bemerken, dass Du langfristig viel weiter kommen wirst und auch viel schneller und effektiver deine eigenen Ziele verwirklichen kannst.

<u>**Ankern:**</u>

Das Ankern ist eine sehr effektive Methode im neurolinguistischen Programmieren, die dir dabei weiterhelfen kann positive Glaubenssätze bei zu behalten und dadurch schneller und einfach hin zu kommen, wo Du es eigentlich möchtest. Im Grunde ist es gar nicht so schwierig, wenn Du weißt worauf es ankommt und wie Du diese verschiedenen Techniken und Strategien richtig anwenden kannst. Du hast das bestimmt auch schon einmal erlebt. Du sitzt im Auto, auf einmal läuft ein Song, der dich an deinen letzten Sommerurlaub erinnert, was die Folge hat, dass Du automatisch bessere Laune hast. Selbstverständlich könnte man diesen Fall als puren Zufall betiteln, aber das ist er schlussendlich nicht. Gefühle sind in den allermeisten Fällen mit bestimmten Erfahrungen im Leben verknüpft. Das ist ein Zusammenhang den man im Grunde ziemlich einfach erkennen kann, wenn man weiß worauf es ankommt und was man bei der Umsetzung alles zu beachten hat. So kannst Du zum Beispiel bestimmte Ereignisse in deinem Leben dafür benutzen, um positive Glaubenssätze zu manifestieren. Auch wenn dieser Prozess ein bisschen Übung braucht, wirst Du bemerken, dass Du dadurch einen großen Schritt weiterkommst und im Endeffekt auch viel schneller zu deinem eigentlichen Ziel kommen kannst. Wie es mit vielen anderen Dingen im Leben auch der Fall ist, brauchst Du auch beim Ankern Zeit und Energie bis die Strategie langfristig wirklich wirksam wird. Du wirst nicht nach einer einfachen Übung wirksam und erfolgreich werden, wenn es um positives Denken geht, aber darauf kommt es schlussendlich auch nicht an. Viel wichtiger ist es langfristig daraus eine Gewohnheit zu entwickeln, um schlussendlich langfristig daraus Erfolge ziehen zu können. Wenn Du das machst, wirst

Du bemerken, dass Du einen großen Schritt weiterkommen wirst und dich selbst auch nicht mehr so sehr anstrengen musst, wenn es darum geht mit negativen Gedanken umzugehen. Beachte hierbei immer dir selbst realistische Ziele zu setzen. Du wirst nicht alles über Nacht verändern können. In den meisten Fällen erreicht man genau das Gegenteil von dem, was man eigentlich wollte, wenn man sich von Beginn an zu viel vornimmt.

<u>Kurzes Schlusswort</u>

Ich möchte mich herzlich bei dir bedanken, dass Du bis zum Ende mitgelesen hast. Das beweist auch dir selbst, dass Du den nötigen Willen hast, um weiter zu machen und aus dir selbst ein besseres Ich zu entwickeln. Auf der letzten Seite sehen wir uns noch einmal

Ich wünsche Ihnen viel Erfolg und Spaß bei den Übungen.

Ihr

D. Leben

N L P

(Neuro-Linguistisches - Programmieren)

für jeden

16 geniale und effektive NLP-Techniken

um Ihr Unterbewusstsein auf Selbstbewusstsein,

Erfolg und Glück zu programmieren

Grundsätze und Übungen

von M. Rock

Was ist NLP? Und wie kann ich es für mich nutzen

NLP ist heute sehr beliebt und überall anzutreffen:

NLP für Verkäufer, NLP im Management, NLP für Lehrkräfte. Auf Schritt und Tritt begegnen wir diese magischen drei Buchstaben. Was hat es damit auf sich?

NLP stellt eine Werkzeugbox zur Verständigung mit sich und anderen

NLP heißt

Neuro

Linguistisches

Programmieren

Dies stellt eine Werkzeugbox mit Tools dar, die wir lernen können um diese zu benutzen, zur Handhabung und Gewohnheitserkennung um effizient mit uns selber und mit Mitmenschen zu kommunizieren.

<u>Was lerne ich durch NLP?</u>

Wo kann ich die Methode des NLPs benutzen,

- um nicht gewollte Reaktionsweisen bei sich

  selber zu ändern,

- um schlechte Gewohnheiten durch nützlichere

  Gewohnheiten auszutauschen

- um Ihre persönliche Kommunikationsfähigkeit

  mit sich selber

- und mit Mitmenschen zu optimieren.

Beim NLP dreht es sich auch darum, sich zu befähigen seine persönliche Wahrnehmung zu optimieren oder leichter gesagt: sich öfter gut und nicht so oft sich schlecht zu fühlen. NLP ist sehr angesehen bei Verkäufern, Unternehmensberatern, Trainern, Lehrern und auch bei Psychotherapeuten.

<u>NLP bietet Strategien von exzellenten Psychotherapeuten die zum Erfolg führen.</u>

Das NLP hat seine Geburtsstunde in den 70er Jahren. Die zwei US-Amerikaner John Grinder und Richard Bandler wollten ihrer Seitz eruieren, warum einige Psychotherapeuten eine größere Erfolgsquote bei der Genesung ihrer Patienten erzielten als andere. Aus diesem Grund untersuchten sie u.a. die Tätigkeit des Gestalttherapeuten Fritz Perls, des Hypnosetherapeuten Milton Erikson sowie der Familientherapeutin Virginia Satir. Aus den Untersuchungsergebnissen leiteten sie erfolgreiche und definierte Reaktionsweisen, Handhabungen und Vorannahmen ab, um Personen Psychotherapeutisch mit Erfolg zu therapieren. Heraus entstand das NLP: Bandler und Grinder fassten die Kommunikations- und Therapiemethoden erfolgreicher Therapeuten zusammen und fassten dies zur Lehre des NLPs zusammen. Im Laufe der Zeit wurde das NLP immer mehr ausgefeilt und mit neuen Arbeitsweisen und Verfahren versehen.

Dieser Ratgeber nennt den Gebrauch des NLPs bei der täglichen Anwendung, ist keine Lösungsantwort für tiefer liegend Schwierigkeiten der Selle.

Dieser Ratgeber nennt den Gebrauch des NLPs bei der täglichen Anwendung. Sie entdecken hier Handhabungen, mit der Sie tägliche Problemen passender erledigten.

Eine Bemerkung zur Mahnung: Auch bei starken Problemen der Psyche kann Ihnen das NLP dienen – aber nur im Gebrauch durch einen guten Psychotherapeuten. Das NLP stellt ein sehr effektives Instrument dar, sowie wie die Atomkraft kann damit viel Gutes selbstverständlich auch viel Böses angerichtet werden.

Üben, üben und erneut üben

"Repetition is the mother of skill"

entdeckt bei Anthony Robbins und Frei ins Deutsche übersetzt:

"Wiederholung ist der Schlüssel zum Können"

Viele der Workouts, die wir Ihnen im weiteren Verlauf vorstellen, verlangen Übung. Nehmen Sie sich die Zeit und üben Sie Ihre neuen Befähigungen. Geben Sie nicht sofort auf, wenn's nicht beim 1. Mal funktioniert. Wenn Sie trotzdem nicht wirklich erfolgreich sind, sollte man eine Grundregel des NLPs beachten.

Wenn etwas nicht läuft, probiere eine alternative.

<u>Klein beginnen und nach und nach steigern</u>

Wenn Sie starten die NLP-Techniken zu üben, dann starten Sie bevorzugt nicht auf Anhieb mit Ihrem bedeutendsten Lebensproblem. Beginnen Sie eher mit belanglosen Schwierigkeiten und erhöhen Sie langsam den Schwierigkeitsgrad. Die Handhabungen des NLPs sollen stetig geübt werden und das fällt zu Beginn am leichtesten, wenn Sie mit weniger und geringer schwergewichtigen Sachen starten.

Grundregeln/ Geisteshaltung –

die sogenannten Axiome

Eine Liste von Einstellungen und Grundregeln – die
sogenannten Axiome – stellen die Basis des NLPs.
Sie ziehen sich durch alle Modelle, Handhabungen
und Verfahren des NLPs. Die Grundregeln möchte ich
ab jetzt Geisteshaltung nennen. Der Begriff
Geisteshaltung scheint mir angemessener für die
weiteren Erklärungen. Ich möchte Sie Ihnen hier kurz
aufzeigen:

NLP: Geisteshaltung Nr. 1: "

Die Karte ist nicht das Gebiet"

Wir entwerfen uns eine Variante der Welt: unsere ganz individuelle Karte – Im NLP geht man davon aus, dass jede Person in seiner Chronik verschiedene Erlebnisse gemacht hat und sich mit Hilfe der Erlebnisse in dessen Kopf und seiner ganz individuellen Karte auf der Welt erstellt. Diese Karte basiert also auf die personenbezogenen Geisteshaltung und Glaubenssätzen und ist an zahlreichen Punkten stark vereinfacht oder an anderen Punkten auch verzerrt. Jede Person sieht die Welt wie Sie es möchte, die meisten Personen von uns halte die persönliche Karte ihrer Welt für die alleinig und richtige Wirklichkeit .

Die Persönliche Karte wird nicht nach "richtig oder falsch" beurteilt

Unterschiedliche Personen haben unterschiedliche Karten und alle haben ihr Anrecht. Es existiert keine falsche Sicht und keine fehlerfreie Karte. Im NLP wird die Karte des Gegenübers ebenso gewürdigt wie unsre persönliche.

Aber: Karten können förderlicher sein als andere

Im NLP sind die individuellen Karten aber mit Hilfe einer zentralen Besonderheit unterschieden: Der Zweckmäßigkeit. Wenn wir ein spezifisches Ziel im Kopf haben, kann eine Karte in Berücksichtigung bezüglich jenes Ziel nützlicher sein als eine weitere. Definierte Überzeugungen vermögen uns passender dabei zu helfen, ein Ziel zu erreichen als andere.

Wir vermögen es unsre Karte zu prüfen und zu

verändern

Eine zusätzliche Erwartung des NLPs ist, dass Karten auf ihre Zweckmäßigkeit hin kontrolliert werden müssen, um sie bei Bedarf zu optimieren und anzugleichen. Oder anders Formuliert: Das NLP erwartet, dass wir unsre Geisteshaltung und Glaubenssätze ändern können, wenn wir bemerken, dass sie uns beeinträchtigen oder beschädigen.

NLP: Geisteshaltung Nr. 2: "

Die Menschen begehen immer, für sich die

perfekte Wahl"

Das NLP erwartet, dass jede Person immer sein Bestes gibt. Das bedeutet, dass das Handeln jeder Person sein perfektes Handeln in dieser Situation ist. Jeder von uns hat seine persönliche Geschichte. So haben wir wegen der Erlebnisse und Vorbilder Reaktionsweisen und Glaubenssätze übernommen, denen wir vertrauen, dass sie hilfreich sind, um mit unsrem Leben zurechtzukommen. Wenngleich diese Reaktionsweisen tatsächlich nicht hilfreich oder sogar nachteilig sind, sind sie das, wozu wir in ebenderselbe Situation in der Lage sind.

NLP: Geisteshaltung Nr. 3: "

Jedes Handeln hat gute Absicht"

Durch die Prämisse heraus, dass wir immer das für
uns perfekte tun, folgt auch die Erwartung, dass sich
nach unsrem Handeln immer eine gute Absicht
verbirgt. In Verbindung mit der NLP gehen wir wegen
der Erlebnisse davon aus, dass das, was wir tun, gut
und durch und durch richtig ist. So fußt z.B. auch ein
Handeln, dass sachlich betrachtet selbstzerstörerisch
wirkt, auf der individuellen Meinung, dass das Handeln
gut für uns ist. Ein Exempel: Sie sind 15 Kilogramm zu
schwer und möchten an und für sich abspecken. Bis
dato hat man das aber nicht geschafft. Das NLP geht
nun davon aus, dass sich in diesem fehlversuch eine
gute Absicht verbirgt: Essen befriedigt z.B. Begehren.
Wir vermögen uns mit Nahrungsmitteln selber zu
verhätscheln. Eventuell verwendet wir das
Übergewicht auch als ein Schutzpanzer – so würden
Sie unwillkürlich akzeptieren, dass Sie mit
Übergewicht nicht von einer Frau oder einem Mann
angesprochen werden und sich so vor peinlichen Lage
oder Enttäuschung die Stirn zu bieten. Es gilt
herauszufinden, was sich hinter der guten Absicht
unseres einzelnen Handelns verbirgt.

NLP: Geisteshaltung Nr. 4:

"Körper, Seele und Geist sind ein System"

Nach der Lehre der NLP beeinflussen sich unser
Körper, unser Empfindungsleben und unsere
Gedanken. So können Sie z.B. dadurch, dass Sie Ihre
Haltung ihres Körpers ändern, Gefühlslagen und
Gedanken ändern. Dies wirkt auch andersherum:
Wenn wir unsre Gedanken ändern, dann wandelt sich
selbsttätig unsre Haltung des Körpers. Diese
Erwartung wird noch fortgesetzt: Nach Erkenntnissen
der Medizin wird das körpereigene Abwehrsystem
direkt abhängig von unserer inneren Haltung und
hieraus lässt sich folgendes ableiten. Wenn Sie also
fröhliche Gedanken haben, schafft Ihr Körpereigenes
Abwehrsystem besser, als ob Sie z.B. an
schmerzliche Dinge denken. Die Verbindung von
Körper, Geist und Seele kann man nicht auflösen.

NLP: Geisteshaltung Nr. 5:

"Wir haben schon alle Elemente (Ressourcen)

, die wir brauchen"

Das NLP erwartet, dass jede Person die Problemlösung für seine Schwierigkeiten schon in sich trägt. Dies können Erlebnisse, Eindrücke, Wissen oder Bilder im Geist sein, die uns bei unseren Schwierigkeiten nutzen. Oft vermögen wir aber nicht über sie zu verfügen, weil wir nicht wirklich Zugang zu den Elementen haben. Davon ausgehend, dass jede Person alle erforderlichen Elemente gegeben sind, die er zur Problemlösung seiner Schwierigkeiten benötigt, dreht es sich im NLP darum, diese verfügbar zu machen.

NLP: Geisteshaltung Nr. 6:

"Wenn etwas nicht läuft, ist es an der Zeit

etwas alternatives auszuprobieren"

Im NLP wird erwartet, dass Prozesse, dass Vorgehen und Abläufe für unterschiedliche Personen ganz verschieden wirken. Keine Prozedur wird aus diesem Grund um ihrer selbst Willen vorgenommen, stattdessen nur dann, wenn diese Erfolg zeigt. Wenn Sie feststellen, dass Sie durch eine Vorgehensweise nicht vorwärts kommen oder eine Methode nichts für Sie bringt, dann ist es wichtig, variabel zu sein und eine weitere Möglichkeit zu versuchen – und das im Bedarfsfall bis, Sie die Möglichkeit entdeckt haben, die für Sie klappt. Aus der Prämisse kann man die darauffolgende Erfolgsformel schlussfolgern:

1.	Finden Sie Ihr klares Ziel und haben Sie es in jeder Sekunde vor ihrem Geistigen Auge.

2.	Überprüfen Sie zielbewusst, ob Sie mit dem was Sie tun, Ihrem Ziel annähern oder nicht.

3.	Verändern Sie Ihre Strategie so lange , bis sie Ihr Ziel erreicht haben oder bis Sie eventuell ein besseres Ziel entdeckt haben.

NLP: Geisteshaltung Nr. 7: "Es ist gut viele unterschiedliche Auswahloptionen in einer Situation zu haben"

Das NLP geht von dieser Erwartung aus: Je mehr Auswahloptionen wir in einer Situation haben, desto variabler vermögen wir zu agieren und desto besser sind die Möglichkeiten, dass wir ein positives Ergebnis erlangen. Wer in einer Situation nur ein oder zwei Wege zur Wahl hat, steckt rasch fest und weiß nicht mehr weiter, wenn diese Möglichkeiten sich als nutzlos herauskristallisieren. Dann wird das Ziel oft aufgegeben. Viel passender ist es, tunlichst viele unterschiedliche Optionen zu haben, mit welchen wir probieren können, unser jeweiliges Ziel zu erreichen. Nur auf diese Weise können wir z.B. variabel auf Faktoren von außen agieren oder unsre Taktik den Bedingungen an zu gleichen.

Viele Übungen und ihre Aufgaben des NLPs funktionieren mit den diversen Sinnen. Aus diesem Grund ist es sehr nützlich unser Sinnessystem zu begreifen.

<u>Die Welt wird durch unsre fünf Sinne</u>

<u>wahrgenommen</u>

Wir erfahren unser Umfeld durch unsere fünf Sinne: wir hören, sehen, fühlen, schmecken und riechen. Alle Informationen von außen erlangen uns also über unsere Sinne. Wir prägen uns diese eindrücke oft auch auf dieselbe Art ein, wie wir sie erhalten haben: So vermögen wir innerlich Bilder zu sehen, Töne zu hören, uns an Düfte oder an einen Wohlgeschmack zu entsinnen und wir vermögen im Geist auch Berührungen und sogar uns an Emotionen zu erinnern.

<u>Die fünf Sinne im NLP ⍰ VAKOG</u>

Im NLP nennt man alle fünf Sinneskanäle oft über die Bezeichnung VAKOG.

<u>VAKOG steht für:</u>

Visuell	⇨ steht für das Sehen
Auditiv	⇨ steht für das Hören
Kinästhetisch	⇨ steht für das Empfinden durch Tasten, Berührungen unsere Haut aber selbstverständlich auch Verspannungen oder Magenschmerzen
Olfaktorisch	⇨ steht für den Geruchssinn
Gustatorisch	⇨ steht für den Geschmackssinn

Ein Versuch – Wie wir uns Erinnern?

Denken Sie doch mal kurz an ihr Kinderzimmer, was sie als Kind hatten. Achten Sie, wie Sie sich genau daran entsinnen. Was fällt Ihnen zu ihrem Kinderzimmer als erstes ein.:

Ist es das Bild des Zimmer eingangs wo sie das gesamte Zimmer und seine Möbel überblicken können oder hören Sie den Klang einer vertrauten Stimme oder eventuell haben Sie auch ein leichte Empfindung, das Sie damals in ihrem Kinderzimmer hatten. Ist es ein spezieller Duft, den Sie mit Ihrem Kinderzimmer assoziieren oder eventuell der Wohlgeschmack eins Essens oder eines Getränkes? Wie entsinnen Sie sich an Ihr Kinderzimmer?

Unser Gedächtnis hängt von den Sinnen ab

Wir alle entsinnen uns verschieden. Die Art, wie wir uns etwas ins Gedächtnis rufen, ist sehr eng an die Sinne verbunden, auf die wir sehr gerne zugreifen. Viele Personen sehen zunächst ein Bild vor Augen, wie Ihr Kinderzimmer ausgesehen hat. Weitere dagegen entsinnen sich zunächst an Geräusche oder Emotionen. Abermals andere entsinnen sich an den Duft in dem Kinderzimmer. Wir entsinnen uns also, indem wir uns Sinneseindrücke ins Gedächtnis rufen und im Kopf erneut erfahren. Im NLP sagt man, wir repräsentieren eine Erfahrung durch einen oder mehrere Ihrer Sinneskanäle. Deshalb bezeichnet man die Sinneskanäle auch Repräsentationssysteme.

Die Augen belegen, wie wir uns erinnern

Lustigerweise agieren unsere Augen bedingt davon, was wir im Geiste geradeswegs tun, in unterschiedliche Richtungen. Wenn wir uns im Geist ein Bild vorstellen, bewegen sich unsre Augen z.B. aufwärts und wenn wir mit uns im Geiste selbst reden, gehen die Augen runter. Probieren Sie sich mal daran zu entsinnen, wie sich die Stimme eines ehemaligen Lehrers oder Ihrer Lehrerin von ihnen angehört hat. Wohin gehen dabei Ihre Augen ganz selbsttätig?

Wie verraten uns die Augen was wir gerade denken

Mit Hilfe von Augenbewegungen einer Person vermögen wir , zu erkennen was für ein Repräsentationssystem die Augen sind. Man könnte sagen, ein Blick in den Kopf und die Gedanken.

Kleine Anmerkung: Die Angaben rechts und links sind immer von der Person selber aus, deren Augen Sie sehen. Die Darstellung zeigen die Augenposition so, wie Sie sie als Betrachter bei einer anderen Person sehen würden.

Diese Augenbewegungen werden diesem Grund auch
als Augenzugangshinweise bezeichnet.

Sehen die Augen einer Person nach oben links,
entsinnen wir uns an etwas, was wir in unserer
Vergangenheit tatsächlich erlebt haben.

Wenn unsre Augen oben zur rechten Seite sehen,
dann erfinden wir uns im Geist ein Bild, das wir bis
dato nicht in der Art gesehen haben z.B. wenn Sie
sich eine riesen Ameise vorstellen

Sehen die Augen mittig links, dann entsinnen wir uns
an Töne und Klänge, die wir gehört haben

Augen, die mittig rechts sehen deuten an dass wir uns
in der Fantasie Töne, Klänge oder Worte erfinden, die
wir bis dato noch nicht gehört haben

Wenn unsre Augen nach links unten sehen, führen wir
ein Gespräch mit uns selbst, z.B. wenn wir uns selber
gedanklich, ein bisschen was zu sagen haben.

Sehen unsere Augen nach unten zur rechten Seite,
fokussieren wir uns auf Emotionen, z.B. wenn Sie sich
vorstellen, wie es sich anfühlt, im Meer zu schwimmen
.

Sie vermögen Ihr Gedächtnis mit den entsprechenden Augenbewegungen zu optimieren und zu verstärken. Testen Sie es einfach mal aus:

Übung:

Wir nehmen mal an, Sie wollen sich an einen hübschen Urlaub erinnern, um abermals in schöne Erlebnissen zu schwelgen. Tun Sie dies nun mal methodisch über alle Ihre fünf Sinneskanäle.

Welche Bilder sehen Sie?

An welche Gerüche erinnern Sie sich?

Was haben Sie im Urlaub gehört?

Welche Gefühle hatten Sie?

Und was haben Sie dort zu sich genommen?

Mit den nun bewusst eingesetzten Augenbewegungen kann man sich selber dabei helfen.

Das NLP funktioniert im großen Maße mit solchen Arbeitsweisen, hier müssen Sie im Stande sein,im Geiste innere Bilder, Töne oder Empfindungen zu erfahren und wieder zu erleben. Ihr Vorstellungsvermögen beinhaltet alle Ihre fünf Sinne. Hier ermöglichen wir Ihnen ein paar Übungen, mit welchen Sie diese Fähigkeit üben können. Für alle

Übungen ist es nützlich, wenn Sie zunächst alles durchlesen, sich gut merken und dann ihre Augen schließen und dann die Übungen durchführen. Es macht selbstverständlich auch nichts, wenn Sie ab und zu in die Übungsanleitungen kucken.

1. Übung: zum Optimieren Ihrer visuellen Vorstellungskraft

Das kreative Denken ist nicht alleine für unterschiedliche NLP-Übungen sehr hilfreich, es erhöht auch Ihre Denkfähigkeit sowie Scharfsinnigkeit und Ihren Einfallsreichtum.

Hier eine Übung für die bildhafte Vorstellungskraft:

1. Schließen Sie die Augen und stellen Sie sich eine Birne vor. Wenn Sie nicht wirklich eine Birne mögen, kann man sich auch eine andere Frucht vorstellen.

2. Beantworten Sie im Geist alleine diese Fragen:

> - Wie genau sieht die Birne aus?
> - Wie ist seine Farbe?
> - Wie groß ist die Birne?
> - Wie weit ist die Birne von Ihnen entfernt?
> - Sehen Sie die Birne wie ein Bild oder bewegt er sich in Ihrem Geistigen Auge?
> - Sehen Sie ein fotographisches oder ein gemaltes Bild der Birne?
> - Sehen Sie die Birne in 3 oder eher 2-dimensionen ?

3.	Fangen Sie nun an, Ihr Bild allmählig zu ändern.

> Lassen Sie die Birne von Ihrem Geistigen Auge wachsen, bis sie so groß ist wie Sie .
> Stellen Sie sich eine gewaltige Birne vor. Wie viele Birnen Marmelade würden Sie mit der Birne wohl machen?
> Lassen Sie die Birne anschließen schrumpfen, bis sie so klein ist, dass sie in einen Fingerhut passt. Man kann die Birne jetzteinfacher transportieren, oder nicht?
> Schieben Sie die Birne vor Ihrem Geistigen Auge so weit von sich, bis Sie sie allenfalls noch erahnen können.
> Jetzt holen Sie die Birne wieder so nahe heran, bis er unmittelbar vor Ihrer Nasenspitze ist.
> Lassen Sie die Birne jetzt um seine eigene Achse drehen, zunächst ganz allmählig, dann geschwinder und jetzt so schnell, dass Sie ihn nurmehr realisieren können.

Es existiert noch viele, zusätzliche Wege, die Birne in Ihrem Geistigen Auge zu verändern. Probieren Sie einfach ein wenig herum.

2. Übung: Optimieren Sie Ihre akustische Vorstellungskraft

Ebenso, wie Sie in Ihrem Kopf Bilder erzeugen können, kann man sich Klänge und Geräusche im Kopf vergegenwärtigen und bewusst ändern.

1.   Schließen Sie die Augen und stellen Sie sich den Klang einer kleinen Glocke vor.

2.   Beantworten Sie dazu im Geist die diesen Fragen:

> - Wie laut ist der Klang der Glocke?
> - Wie ist der Klang der Glocke?
>   - Ist er klar oder dumpf
>   - Ist er hoch oder tief,?
> - Wie lange dauert der klang der Glocke?
> - Vibriert der Klang?
> - Woher kommt der Klang? Von der rechten Seite oder von links, von vorne, ist der Klang hinter innen oder kommt er von überall?
> - Wie weit ist der Klang von Ihnen entfernt?

3.   Fangen Sie nun an, denn Klang allmählig zu

ändern.

> Lassen Sie den Klang der Glocke leiser
  und wieder lauter werden
> Verändern Sie die Länge des Klanges
  von ganz lang bis ganz kurz.
> Ändern Sie die Richtung, von dem Klang
  von der die Glocke kommt. Mal von recht
  dann von links und und und

(Wie bei einem **Dolby Surround** Test)

Probieren Sie einfach ein wenig mit dem Klang in Ihrer
Vorstellung herum. Stellen sie sich einen Echoeffekt
vor? Seien Sie ideenreich.

3. Übung: Ihre Emotionen verstehen

Auch Emotionen vermögen wir in unser Gedächtnis zu rufen. Sie vermögen so z.B. Ihre Funktionen des Körpers zu verändern. Wenn Sie sich lang genug ausmalen, Ihr rechtes Bein ist schwer und warm, dann wird Ihr Bein sich über kurz oder lang wie schwer und warm anfühlen, weil er durch Ihre Gedankenkraft besser durchblutet wird. Die Entspannungsverfahren des "Autogenen Training" funktionieren so.

1. Schließen Sie die Augen und stellen Sie sich vor, wie Sie barfuß über einen langgezogenen Karibikstrand schlendern. Der Sand ist ganz weich und fein. Eventuell merken Sie den Sand zwischen Ihren Zehen. Das Meer spült seine Wellen rhythmisch an den Strand und Ihre Füße werden von dem Meer umspült. Wie fühlt sich das an?
2. Beantworten Sie dazu nun vor ihrem geistigen Auge diese Fragen:
    - Was genau fühlen Sie an Ihren Füßen?
    - Wie warm ist der Sand?
    - Welche Qualität hat die Emotion – ist es wohltuend oder eher unerträglich?
    - Wie warm ist das Wasser?
    - Wie fühlt es sich an, wenn das Meer Ihre Füße umspült?

Ebenfalls haben Sie abermals die Option, diese Übung auszubauen und zu verändern.

4. Übung: Verbinden von inneren Erfahrungen

Am beeindruckendsten ist es, wenn wir die drei Sinneskanäle: Fühlen, Hören und Sehen, verknüpfen. Schließen Sie die Augen und stellen Sie sich vor, sie sind auf einem Berg. Wir haben Mittag und die Sonne strahlt sie warm an. Sie schauen sich allmählig um und sehen auf eine gewellte, grüne Gegend. Sie sind barfuß auf einer Wiese. Ihr Blick schweift über Felder und Bäume. Um Sie herum hören Sie Bienen, Vogelgesang und das Fließen ein kleines Flüsschen. Sie fühlen den Wind der sachte über Ihr Antlitz streicht. Über sich sehen Sie Wolken langsam vorbeifliegen. Sie gehen ein paar Schritte und erreichen ein Flüsschen, das Sie zuvor gehört haben. Sie tauchen Ihre Hände ins kühle, strömende Wasser und Spielen mit ihrem Finger in dem Wasser.

So kann man sich auch relaxen!

Wenn Sie sich diese Szene vorgestellt haben, hat man die drei Repräsentationssysteme V, A und K zusammen gepaart. Üblicherweise gehen wir selbstständig in einen leichten Entspannungszustand über wenn wir uns auf unsre innere Welt fokussieren. Ganz gleich, wann Sie relaxen möchten, kann man sich im Geist leicht an einen idyllischen Ort zurückziehen, den Sie sich mit all Ihren Sinnen ausmalen. Sie können auch eine schöne Erfahrung aus Ihrer persönlichen Geschichte visuell, auditiv und kinästhetisch wiedererleben. Eventuell entwerfen Sie sich vor ihrem Geistigen Auge auch ein neue Szene und erfahren es mit Ihren Sinnen.

Wenn Sie bei den Aufgaben Probleme haben, sich die Dinge vor ihrem Geistigen Auge vorzustellen, dann kann man einen NLP-Trick benutzen: Folgen Sie den Weisungen der Aufgaben und tun Sie so, als würde es klappen. Im NLP redet man dabei vom „Als-Ob-Rahmen". Wenn Sie sich nicht um die Wirklichkeit interessieren, stattdessen so tun, alles ist schon alles, wie Sie möchten, kann es geschehen, dass die Wirklichkeit Ihre Vorstellung von selber bestätigt. Wie sagt man so schön: Der Glauben kann Berge versetzen. Hier stellen wir Ihnen ein paar Übungen vor, die Sie dabei unterstützen können, mit Ihren täglichen Schwierigkeiten passender fertig zu werden. Bei vielen der Übungen brauchen Sie die Fähigkeit zur Visualisierung also, die Befähigung, sich Bilder vor dem geistigen Auge hervorrufen zu können. Sie konnten dies auch schon auf der vorangegangenen Seite üben. Üben Sie diese Befähigung fleißig. Wenngleich Sie zu Beginn vielleicht, dass Gefühl haben, damit auf keinen Fall klarzukommen, sollten Sie nicht kapitulieren, denn hier macht die Übung den Meister!

5.Übungen, die Ihre geistige Vorstellungskraft optimieren

Unsre geistigen Bilder und Vorstellungen sind mit Emotion engen koppelt

Eventuell kennen Sie das: Sie haben ein schreckliches Bild in den Nachrichten gesehen, das Ihnen nicht mehr aus dem Gedächtnis geht. Hin und wieder müssen Sie daran denken. Im Kopf intensivieren wir oft noch die schlimme Information, indem wir die Einzelheiten im Geist betonen, die am schrecklichsten sind. Unsre geistigen Bilder, Töne oder Emotionen vermögen wir bekanntlich zu ändern und detailliert ausarbeiten. Z.B. kann man ein geistiges Bild kleiner oder größer, dunkler oder heller und mehrfarbig oder schwarz in seiner Vorstellungkraft machen. Die Eigenschaften der geistigen Emotionen, Bilder, und Töne heißen in der Fachsprache im NLP **Submodalitäten**. Indem Sie die Submodalitäten Ihrer geistigen Bilder und Gedanken ändern, kann man auch Ihr Erleben, also Ihre Emotionen ändern. Damit bekommen Sie die Option, bewusst Ihre Empfindungen zu verändern. Testen Sie es doch mal bei den nachfolgenden Übungen aus:

<u>**So ändern Sie schlechte Bilder im Kopf**</u>

Schlechte Erlebnisse platzieren sich oft als Bilder im Kopf. Hin und wieder sehen wir das Erlebnis vor uns. Diese Bilder kann man in seinen Gedanken aber so ändern, dass den Bildern die abscheuliche Kraft genommen wird.

<u>**5. a Schlechte Bilder kleiner machen**</u>

1. Schließe die Augen und stellen Sie sich ein Negatives Erlebnis klar vor. Zur gleichen Zeit werden damit schlechte Emotionen in Ihnen aufkommen. Machen Sie sich diese Emotionen klar und lassen Sie sie einen Augenblick zu, wenngleich das nicht schön ist.

2. Stellen Sie sich dann einen Schwarzweiß-Fernsehapparat vor, der links unten zu Ihren Füßen steht.

3. Nehmen Sie nun das gemeine Bild und drängen Sie es zum Fernsehapparat, dass Sie das Bild auf dem Bildschirm des Fernsehapparates sehen können: in schwarzweiß und klein. Wenn Sie möchten kann man den Fernsehapparat auch noch weit von sich weg entfernen, dass Sie ihn nur noch ein bisschen sehen können . Wie verändert sich die Emotion, dass Sie mit diesen Erlebnis verbinden? Dann machen

Sie die Augen auf und befassen sich kurz
mit etwas anderem.

Wiederholen Sie die Maßnahme ein bis drei Mal, bis
Sie feststellen, dass die Änderung vom Ausgangsbild
zum Bild des Fernsehapparat selbsttätig geschieht
und Sie sich auch dann gut fühlen, wenn Sie an die
zuvor schlechte Erfahrung denken.

5. b Unangenehme Bilder Verbrennen.

1. Schließen Sie abermals die Augen und holen
   Sie sich das unangenehme Bild vor Ihr
   geistiges Auge. Fühlen Sie klar die Emotionen
   nach, die Sie dabei verbinden.
2. Zünden Sie nun vor Ihrem geistigen Auge ein
   Zündholz an und halten es unter dem
   unangenehmen Bild. Sehen Sie zu, wie es
   allmählig an der einen Ecke Feuer fängt, wie
   sich die Flammen allmählig durch das gesamte
   Bild frisst, wie das Bild mehr und mehr vom
   Feuer vernichtet wird und wie schließlich ein
   wenig Asche übrigbleibt.
3. Stellen Sie sich vor, ein Wind bläst durch Ihre
   Vorstellung und trägt die Asche Ihres Bildes
   davon und lässt Sie ohne die unangenehme
   Erfahrung zurück. Dann machen Sie die Augen
   auf und befassen sich kurz mit etwas anderem.

5. c Machen Sie unangenehme Bilder dunkel

1. Schließen Sie abermals die Augen sehen Sie sich das unangenehme Bild an. Sein Sie sich Ihren Emotionen dabei klar, obwohl es schmerzhaft ist.
2. Stellen Sie sich vor, wie das Bild immer dunkler wird, so ganz so, als würden Sie allmählig den Helligkeitsregler an Ihrem Fernsehapparat herunterdrehen, bis das Bild nicht länger zu erfassen ist.
3. Wiederholen Sie diese Übung, bis das unangenehme Bild an Stärke und Effekt verliert. Dann kann es Ihnen kaum mehr etwas anhaben.
4.

6. So verändern Sie innere Stimmen, die

kritisch sind

Wir haben innere Stimmen, die uns einer kritischen
Würdigung unterziehen und uns ab und zu das Leben
erschweren. Gerne sagen diese inneren Stimmen
Dinge wie:

- Was hast du denn da schon abermals getan!?

- Du bist ein Idiot!

- Nicht mal das bekommst du hin!

Oft haben wir auch die Stimmen von anderen
Personen ständig im Kopf. Wenn Ihr Chef täglich zu
Ihnen sagt: "Aus Ihnen wird kaum etwas mehr." dann
glauben Sie es eines Tages selber und hören diese
Worte in ihrem Kopf, obwohl Ihr Chef nicht da ist.
Wenn Sie genug von den Stimmen in Ihren Kopf
haben, dann probieren Sie doch mal, die Stimmen in
dem Kopf zu ändern:

1. Machen Sie sich im Geiste die innere Stimme
   klar, die Sie verändern möchten.
2. Verändern Sie nun den Klang dieser Stimme.
   Wie würde sich die Stimme z.B. klingen, wenn
   Mickey Mouse sie reden würde oder wenn Sie
   die Stimme von einer Comicfigur, die ihnen
   lieber ist hören?
3. Sie können die Stimme auch leicht schneller
   hören, ganz so, als wenn Sie ein Hörspiel

schneller wiedergeben würden. Wie hört sich
Ihre kritische Stimme dann an?

4. Verändern Sie Ihre Stimme so, dass sie
langsam und verzerrter wird. So als ob bei
einem tragbarem CD-Player die Akkus aus
gehen. Die Stimme wird immer langsamer und
tiefer, fängt an zu leiern und wird stumm wie ein
Fisch letzten Endes.

5. Ändern Sie auch mal die Richtung, aus der die
Stimme kommt. Lassen Sie sie mal von unten
kommen, mal von oben kommen, von der Seite
oder eventuell auch von hinten. Fühlen Sie
nach ob die Stimme dann aus einer bestimmten
Richtung geringer und weniger "wirkungsvoll"
ist. Die Stimme kann man dann immer aus der
Richtung kommen lassen, um sie
abzuschwächen.

Beachten Sie bei all den Übungen darauf, welche
Änderung in dem Erleben der skeptischen Stimme
ablaufen, wenn Sie die Stimme wie vorgeschlagen
ändern. Nehmen Sie dann die Methode, über die Sie
die Stimme am wirkungsvollsten verändern können.

7. Schwierigkeiten mal anders hantieren:

Durch Lachen!

Wenn Sie Schwierigkeiten in Ihrem Leben haben, dass Sie emotional belastet, kann man die nachfolgende Übung durchführen:

1. Stellen Sie sich vor Ihrem geist einen guten Kumpe vor. Es muss ein Mensch sein, der Ihnen tatsächlich wohlgesonnen ist und der darüber hinaus sehr klug und sehr weise ist. Weil eine Vielzahl von uns nicht wirklich eine solche Person real kennt, kann man sich auch in Ihrer Fantasie so eine Person ersehnen. Eventuell fällt Ihnen eine bekannte Rolle ein, der Sie das Zutrauen: z.B. eine Berühmtheit, ein Geistlicher oder eine Filmfigur. Erwählen Sie ein Mensch, von welchen Sie meinen, dass sie gütig, weise und Ihnen wohlwollend ist.

2. Stellen Sie sich nun vor, Sie sitzen mit dem Kumpel zusammen und beschreiben ihm Ihre Problematik in allen Einzelheiten. Sie berichten nun mehr und mehr von Ihrer Problematik, Ihr weiser Kumpel fängt das lächeln an. Aus dem Lächeln wird bald ein gütiges Lachen und es benötigt nicht lange, da kann sich Ihr Kumpel vor Lachen nicht länger halten. Er klopft sich auf die

Oberschenkel und ihm kommen Tränen über seine Wangen.

3. Was löst das in Ihnen aus? Eventuell kann man Ihre Problematik aus einer neuen Perspektive anschauen? Eventuell können Sie sich infizieren und lachen zusammen mit Ihrem weisen und gütigen Kumpel? Und wenn Sie irgendwann Mal wieder Ihrer Problematik gegenüberstehen, sehen Sie dann eventuell das gütige Lachen Ihres Kumpels vor Ihrem geistigen Auge.

8. Durch Musik im Kopf Emotionen verändern

Wenn Sie in einer Situation hin und wieder Emotionen haben, kann man diese Übung probieren.

Vorsicht: Starten Sie nicht auf Anhieb mit Ihrem führenden Lebensproblem. Beginnen Sie zum Üben eher mit leichteren Problemsituation.

1. Stellen Sie sich vor Ihrem geist die schlimmste Begebenheit wie einen Film vor. Beachten Sie dabei Ihre Emotionen.
2. Wählen Sie nun nach Belieben eine Filmmusik, die Sie kennen und die gar nicht mit der unangenehmen Empfindung und Begebenheit zusammenpasst. Testen Sie eine Musik aus einem Zeichentrickfilm oder wilde Zirkusmusik.
3. Stellen Sie sich abermals die schlimme Begebenheit als Film vor und unterlegen Sie dieses mal die Szene von Beginn bis Ende mit der Filmmusik. Wiederholen Sie den Schritt ruhig ein paar Mal.
4. Stellen Sie sich zum Ende noch einmal die schlimme Begebenheit als Film vor und prüfen Sie, ob sich Ihre unangenehmen Emotionen verändert haben. Bei zahlreichen Personen sind die unangenehmen Emotionen kraftloser geworden oder sie sind gänzlich verschwunden.

Hier belegen wir Ihnen, was es mit der NLP-
Methode des "Ankerns" auf sich hat und wie Sie
den Grundsatz des Ankerns in eigener Sache
benutzen können.

<u>Einige der Sinneseindrücke sind mit vollautomatischen Reaktionen gekoppelt</u>

Sinneseindrücke lösen bei uns selbstständig
Emotionen, Reaktionen und Gedanken aus.

Zum Beispiel , Jedes mal wenn irgendjemand die
Stadt "New York" erwähnt, höre ich z.B. auf Anhieb
den Song "NewYork, New York „ von Frank Sinatra.
Da kann ich überhaupt nichts dagegen tun. Wenn ich
das After Shave Old Spice rieche, erinnere ich mich
auf Anhieb an das Weihnachtsfest.

Im NLP verankern wir mit Absicht Emotionen

mit Bildern, Wörtern oder Gesten.

Im NLP wird diese Besonderheit klar benutzt, indem wir mit Absicht Gefühlszustände an einem Verursacher verankern, dass der erstrebte Gefühlszustand nützlich auf Befehl durch den Auslöser abrufbar wird.

Der Auslöser wird im NLP Anker genannt.

Der Anker kann ein Kontakt, eine Geste, einen Eindruck aber auch ein Wort, ein Ton oder ein Duft sein. Generell kann jeder Sinneseindruck als Anker genutzt werden.

So ankern Sie Emotionen

9. Das Ankern von Gefühlszuständen setzt sich aus folgenden fünf Schritten zusammen

1. Zunächst setzen Sie sich gelassen hin und relaxen sich. Atmen Sie ein paarmal tief durch und schließen Sie die Augen. Nun denken Sie darüber nach, welche Emotion Sie gerne ankern wollen. Holen Sie sich diese Empfindung gedanklich retour. Um eine Empfindung zurückzuholen kann man sich an eine Szene im Leben entsinnen, bei der Sie diese Emotion schon mal gespürt haben. Möchten Sie z.B. die Emotion von Begeisterung ankern, holen Sie eine ins Besonderen herrliche Begebenheit und entsinnen Sie sich an etwas, wo Sie voll mit Begeisterung waren.

2. Nun dreht es sich darum, jene Empfindung in uns durch und durch erwachen zu lassen und zu intensivieren. Dazu kann man sich die Fragen stellen:
   - Was war das für eine Begebenheit, bei der Sie so glücklich waren
     - wer war dabei?
     - was ist passiert?
     - wo waren Sie?

- Was haben Sie gesehen, zum
  damaligen Zeitpunkt, als Sie sich
  gefreut haben?
- Was hat man gehört?
- Was hat man in der Situation
  gedacht?
- Wo genau hat man diese
  Emotionen in dem Körper gespürt?
- Wie fühlen Sie diese Empfindung?
  Ist ihnen z.B. kalt oder warm? Ist es
  lebendig, ist es kontinuierlich oder
  ist es eine fließende Empfindung?
- Wenn Sie der Empfindung einen
  Namen geben würden, wie
  möchten Sie diese Empfindung
  nennen?

3. Bleiben Sie für kurze Zeit bei dem Gefühl und
kosten Sie es aus. Eventuell können Sie Ihre
Empfindung noch ein wenig intensiver erleben?

4. Wenn Sie meinen, dass die Emotion am
deutlichsten ist, lösen Sie den Anker aus:
Berühren Sie sich z.B. an einer bestimmten
Position Ihres Armes oder am Bein, machen
Sie eine klare Geste oder sagen Sie ein Wort.
Eines ist dabei wesentlich: Der Anker muss klar
und einzigartig sein. Sie müssen also keine
Bewegung oder Berührung auswählen, die Sie
ohnehin schon oft unwillkürlich durchführen.
Nehmen Sie eine ganz besondere

Fortbewegung oder Geste, die aber einfach durchführbar ist.

5. Testen Sie nun, ob Ihr Anker klappt. Dazu Denken Sie zunächst an etwas ganz anderes, um sich von Ihrem geankerten Gefühlszustand zu lösen. Dann lösen Sie den Anker aus und wenn danach der geforderte Gefühlszustand wiederkehrt, dann hat es geklappt. Wenn nicht, dann wiederhohlen Sie ab Schritt zwei den Vorgang bis der Anker sitzt.

<u>Exempel fürs Ankern</u>

Stellen Sie sich vor, Sie wollen die Emotion von Selbstbewusstsein ankern. Sie relaxen sich und produzieren in sich eine mächtige Empfindung von Selbstbewusstsein. Sie denken eventuell an einen beträchtlichen Erfolg, den Sie hatten, an eine Begebenheit oder an eine Situation, bei der Sie stolz auf sich waren und sich sehr ohne Zweifel und selbstsicher wahrgenommen haben. Wenn die Emotion am deutlichsten ist, berühren Sie sich selber am Ohrläppchen und verknüpfen diese Bewegung mit dem tiefgreifenden Empfindung in sich. Wenn das Ankern mit Erfolg gekennzeichnet war, genügt nunmehr ein Kontakt am Ohrläppchen, um eine Empfindung von Selbstbewusstsein auszulösen. Das funktioniert ab und zu nach einem einzelnen Mal. Besser ist es, wenn Sie das Ankern erneut durchführen, denn nur durch Wiederholung lernen wir.

Die Kurzformel fürs Ankern von Gefühlszuständen

In Kurzform existiert das Ankern aus diesen drei
Schritten:

1.   Sie produzieren in dem Inneren den
     erstrebten Gefühlszustand.
2.   Wenn die Emotionen am stärksten sind,
     lösen Sie den Anker aus.
3.   Das Ganze wiederholen Sie so lange, bis
     der Anker selbsttätig den erstrebten
     Gefühlszustand auslöst.

10. Übung: Der magische Kreis

Der magische Kreis ist eine Übung im NLP, über die
es Ihnen in nächster Zeit leichter fallen kann,
bevorstehende Schwierigkeiten und
Herausforderungen zu lösen. In der Übung ankern Sie
einen kräftigen Gefühlszustand aus
Selbstbewusstsein, Selbstsicherheit und Zuversicht an
einen imaginären Kreis auf dem Boden. Wenn Sie
diese Übung mit Erfolg durchführen, hat man mit dem
magischen Kreis eine Art Kraftfeld, das Sie dann
immer für sich benutzen können.

Auf zur Übung
1. Stellen Sie sich vor Ihnen aufm Boden einen
   magischen Kreis vor. Sie können sich dazu
   einen auf den Boden gemalten Kreis
   vergegenwärtigen oder einen Kreis, der mit
   Steinen gestaltet ist oder wie auch immer Ihr
   Kreis aussehen mag. Denken Sie daran, dass

Sie den Kreis mit den folgenden Empfindungen
verbinden.
Die des inneren Schutzes und der
ungezügelten Kraft.

- o Welche Farbe müsste für Sie der wie
  Kreis haben?
- o Hat er einen Zaun eine Mauer?
- o Ist er gefüllt oder im Zentrum leer?
- o Wie sieht der Kreis vor Ihrem geistigen
  Auge aus?

2. Entspannen Sie sich und schließen Sie die
   Augen. Stellen Sie sich dann eine Begebenheit
   vor, bei der Sie eine traumhafte innere
   Selbstsicherheit fühlen. Eventuell hat man eine
   derartige Empfindung schon mal erlebt? Dann
   entsinnen Sie sich daran. Sollten Sie so ein
   Erlebnis noch nicht gehabt haben dann denken
   Sie sich eine Begebenheit aus, bei der Sie so
   empfinden könnten. Erzeugen Sie für sich
   genommen eine tiefe Sicherheit, dass Sie jede
   Problematik lösen und dass Sie jede
   Begebenheit überwinden können. Fühlen Sie
   eine sehr starke Kraft in sich, die Ihnen eine
   tiefe Gelassenheit, Ruhe und Zuversicht gibt.
   Intensiviere Sie die Emotion, indem Sie selber
   anhängende Fragen beantworten.

- o Was ist das für eine Begebenheit, bei
  der ich mich so fühle? Wer ist dabei? Wo
  bin ich?
- o Was höre ich bei dieser Begebenheit,
  wenn ich auf diese überwältigende Art
  diesen Schutz und das
  Selbstbewusstsein in mir spüre?
- o Was sehe ich, in selbiger Situation,
  wenn ich diese starke Kraft habe, jede
  Problematik zu überwinden?
- o Was mache ich?
- o Was denke ich, wenn ich so souverän
  und ohne Zweifel bin?
- o Was spüre ich dann? Wo genau spüre
  ich es in mir?
- o Wenn ich dieser Empfindung einen
  Namen geben möchte, wie möchte ich
  es stattdessen nennen?
- o Wie spüre ich diese Empfindung? Ist es
  warm oder kalt? Ist es lebendig, ist es
  kontinuierlich oder ist es eine fließende
  Empfindung?

3. Bleiben Sie kurz bei dieser traumhaften
Empfindung und kosten Sie es aus. Wenn Sie
möchten, intensivieren Sie die Emotion noch
ein bisschen.

4. Wenn Sie meinen, dass die Emotion am intensivsten ist, schreiten Sie einen Schritt vorwärts in Ihren gedachten magischen Kreis hinein und kosten Sie die Emotion aus, der herrlichen Kraft und Selbstbewusstsein in Ihnen. Die Vorstellung und das Eintreten in Ihren magischen Kreis ist hier der Anker, der mit Ihrem kraftvollen Gefühlszustand gekoppelt wird. Wenn Sie merken, dass die Emotion geringer wird, treten Sie aus dem Kreis hinaus.

5. Denken Sie nun kurz an etwas ganz anderes. Das bewusst Stört und Fokussiere dich auf etwas Alternatives, dies heißt im NLP **Seperator** und der neutrale Zustand in den Sie als Folge das **Seperator-State** erreichen. Nach ein oder zwei Minuten, stellen Sie sich abermals Ihren magischen Kreis vor und treten in ihn rein. Nun Erleben Sie abermals die Emotionen Ihres kraftvollen Zustandes. Wenn Ihnen die Emotionen beim Eintreten nicht stark genug sind, durchlaufen Sie die Schritte1 bis 4 noch einmal.

Wenn Sie in nächster Zeit selbigen Zustand der Selbstsicherheit und starken Kraft benutzen mögen, holen Sie sich in Gedanken vor ihrem Auge, Ihren Magischen Kreis, treten Sie einfach in Ihren magischen Kreis. Das wird Sie in ganz vielen Begebenheiten unterstützen, Schwierigkeiten besser und effizienter zu überwinden und viel Spaß dabei zu haben.

Um unser Leben kraftvoll und aktiv zu gestalten, müssen wir uns selber ermutigen können.

Hier haben wir eine Übung für Sie, die Sie dabei unterstützen wird

Viele von uns drängen unangenehme Dinge gerne vor sich her

Ob es das Müll weg bringen, Ordnung schaffen oder die Einkommensteuererklärung ist. Manch Dinge drängen wir gerne tage-, wochen- oder sogar über mehrere Monate vor uns her, bis es nicht länger anders geht. Wie viele Einkommensteuererklärung werden wohl erst vor dem Abgabetermin abgeschlossen?

11. **Die NLP-Methode:** Der New Behaviour

Generator

Im NLP findet man Methoden, die Sie dabei unterstützen werden, sich selber zu ermutigen, unangenehme aber erforderliche Dinge zu bewerkstelligen. Eine Prozedur heißt New Behaviour Generator. Dabei gehen Sie folgendermaßen vor:

1. Suchen Sie sich ein Plätzchen wo Sie ruhig und ungestört sind, jetzt relaxen Sie sich. Platzieren Sie sich vor Ihrem geistigen Auge in einer überschaubaren Distanz eine Person, der ebenso ausschaut wie Sie selber: Ihr alternatives Ich. Es geht in der Übung um Jenes: Das alternative Ich, wird nun erlernen, all jene Dinge gern und beflügelt zu tun, für die Sie sich gerne selber ermutigen wollen. Sie Beobachten Ihr alternatives Ich dabei. Und erst, wenn Sie absolut glücklich damit sind, wie Ihr alternatives Ich die Aufträge erfüllt, werden Sie das alternative Ich in Ihrer Vorstellung in sich selber hereinziehen und damit auch die Befähigung erlernen, Ihre Aufträge beflügelt und gern zu erledigen.

Tipp

Es existiert ein Trick, damit Sie sich die Vorstellung
einer Aufspaltung Ihres alternativen Ichs von sich
selber einfacher machen zu können: Stellen Sie sich
vor, Sie selber würden im Glaskasten sitzen, während
Sie Ihr alternatives Ich beobachten.

2. Wenn Sie sich selber nun aus der Entfernung
   sehen, wählen Sie eine Aufgabenstellung aus,
   die Sie gerne beflügelt und gern
   bewerkstelligen möchten.

3. Stellen Sie sich dann vor, wie es ist, wenn Ihr
   alternatives Ich die Aufgabenstellung
   abgeschlossen hat. Stellen Sie sich vor, wie Ihr
   alternatives Ich durch die kurz- und durch die
   langfristigen guten Folgen der Tätigkeit
   profitiert: wie z.B. Gewinn, Begeisterung,
   Anerkennung, Zufriedenstellung, Lob,
   Einkommen usw..

4. Stellen Sie sich nach wie vor, wie Ihr
   alternatives Ich diese Aufgabenstellung ganz
   einfach und ohne Problemen erledigt. Sie
   werden dabei merklich, feststellen dass Ihr
   alternatives Ich immerzu die positiven Folgen
   im Kopf hat und sich deshalb super fühlt, diese
   Aufgabenstellung zu bewerkstelligen und mit
   Spaß und Begeisterung daran ist.

5. Wenn Sie nun das Bild, das Sie sehen – also über die Art, wie Ihr alternatives Ich die Aufgabenstellung erledigt – nicht völlig zufrieden sind, kann man zu einem Trick greifen: Stellen Sie sich vor, wie die komplette Szene vom Nebel umhüllt wird. Durch den Nebel wird die Begebenheit nicht erkennbar Ihr Unbewusstsein kann nun die notwendigen Änderungen an der Szene durchführen, dass Sie, wenn der Nebel kurz danach verschwindet, die für Sie perfekte Szene vorfindet.

6. Wenn Ihr alternatives Ich die Aufgabenstellung so gern erfüllt, wie Sie es das wollen, können Sie nun das weitere Ich in Ihren Gedanken in sich selber hineinziehen. Sie können dazu z.B. Ihre Arme ausstrecken und sich vergegenwärtigen wie Sie das alternative Ich umarmen und ganz in sich aufnehmen. Oder Sie stellen sich vor, dass Sie Ihren Mund weit aufmachen und das alternative Ich durch einen tiefen Atemzug in sich hineinsaugen. Wählen Sie hier eine Vorstellung, die für Sie passt.

7. Zum Ende sollte man sich noch für sich selbst
    bestimmen, bei welcher zukünftigen
    Begebenheit Sie nun in der Realität auf dieser
    neuen fröhlichen und eifrigen Art an eine
    Aufgabenstellung herangehen möchten. Im
    NLP hat dies den Namen **Future Pace**. Sie
    gehen einen Schritt in ihre Zukunft und stellen
    sich vor, wie es ist, wenn Sie schon das
    geschafft haben, dass Sie erlangen möchten.
    Das vereinfacht die Durchführung und
    gewährleistet das Gelingen der Begebenheit.

8. Viele von uns laborieren unter einem
    beeinträchtigten Selbstbewusstsein. Ein gutes
    Selbstbewusstsein ist aber eine
    beachtenswerte Voraussetzung, für ein aktives,
    selbst ausgewähltes und glückliches Leben.
    Eventuell kann Ihnen die nächste Übung dabei
    unterstützen geben.

Unser Selbstbewusstsein hängt vom eigenen

Selbstverständnis ab-

Unser Selbstbewusstsein ist sehr stark davon abhängig, wie wir uns selber sehen – also von der Selbstwahrnehmung. Unter Selbstwahrnehmung versteht man, dass Bild das wir von uns selber haben. Wenn wir die Art und Weise wechseln, wie wir uns selber sehen, werden wir auch unser Selbstbewusstsein ändern können.

Prüfen und verbessern Sie Ihr Selbstbild

Holen Sie sich mal das Bild in ihren Kopf, dass Sie von sich selber haben.

Wie sehen Sie sich selber?

Wird das Bild Ihnen gerecht, entspricht es der Wirklichkeit oder schätzen Sie sich eventuell zu streng ein?

Machen Sie sich klar, dass Sie als Person und Geschöpf einmalig sind. Kein Mensch auf der Welt, ist ebenso wie Sie! Nobody! Hören Sie damit auf, sich mit anderen Personen zu vergleichen, denn Sie sind ein wundervolles Geschöpf exakt so, wie Sie sind. Dafür müssen Sie nichts tun oder haben. Das ist bei Ihnen seit Irrerem ersten Atemzug gewissermaßen eingebettet .

<u>**12. Übung: Die magische Brille**</u>

Mit der kleinen Übung kann man sich selber mal ganz
andersartig sehen: Stellen Sie sich vor, Sie haben
eine magische Brille. Durch diese magische Brille
kann man alles und jeden mit Toleranz, Güte,
Gelassenheit, Erbarmen und Liebe anschauen.
Stellen Sie sich in Ihrem geist vor, wie Sie diese Brille
aufsetzen und dann vor einen Spiegel treten, um sich
selber anzusehen.

Was sehen Sie nun mit den Gläser der Brille?

Was kann man Neues an sich bemerken, wenn Sie
sich gütig und liebevoll anschauen?

Die Stärken und guten Eigenschaften sehen Sie?

Was kann man sich selber Gutes und Aufbauendes
sagen?

Bild ist von https://pixabay.com/de/users/webandi-1460261/

<u>**13. Die Autobiographie-Übung**</u>

Auch mit der wirkungsvollen Übung kann man Sich ändern:

1. Suchen Sie sich einen idyllischen und ungestörten Platz, wo Sie sich zu relaxen vermögen. Atmen Sie in paar Mal tief ein und aus, während Sie dabei merken, dass Sie allmählig aber kontinuierlich in einen ruhigen und wohligen Zustand gehen und dabei alle Spannung fallen lassen. Wo an Ihrem Körper merken Sie, dass Sie locker sind? Schließen Sie ruhig die Augen.

2. Denken Sie an eine Person, die Sie uneingeschränkt liebt, exakt so, wie Sie sind. Wenn Ihnen kein Mensch in den Sinn kommt, stellen Sie sich einfach eine mögliche Person vor. Dieser Person sind Sie sehr wichtig und sie liebt Sie ohne Ansuchen und Vorbedingungen exakt so, wie Sie tatsächlich sind – mit all Ihren Gepflogenheiten, Reaktionsweisen, Schwächen und Stärken . Wenn Sie sich für eine Person entschieden oder sich eine solche Person erdacht haben, gehen Sie jetzt zum nächsten Schritt.

3. Stellen Sie sich vor, wie Sie selber in einem
   Zimmer sitzen und die Chronik Ihres
   persönlichen Daseins niederschreiben.
   Eventuell verwenden Sie einen Stift oder einen
   Rechner oder ein Tablet. Sie empfinden Sich
   sehr gut und ausgeglichen während Sie am
   Schreibtisch sitzen und den Text verfassen. Die
   Worte und Sätze entstehen Ihnen ohne Mühe
   ganz von selbst, auf die Weise, sodass Sie sie
   einfach niederschreiben müssen: die Chronik
   Ihres persönlichen Daseins.

4. Plötzlich stellen Sie fest, dass nach der Glastür
   des Raums genau die Person steht, die Sie
   sich am Anfang vorgestellt haben. Sie schaut
   Sie behutsam an, während Sie Ihre
   Lebensgeschichte verfassen. Auch Sie sehen
   diese Person behutsam an und entschließen
   für sich, über diese Person und Ihre Beziehung
   zu ihr zu schreiben.

5. Nachdem Sie über diese Person etwas verfasst
   haben, die Sie uneingeschränkt liebt, verlassen
   Sie allmählig Ihren Körper und fliegen durch die
   Glastür neben die Person, die Sie
   uneingeschränkt liebt.

6. Wie fühlt es sich an, neben der Person zu sein?

7. Betrachten Sie nun aus der Ansicht Ihren
   Körper, wie er dort am Schreibtisch sitzt und
   berichtet. Was verspüren Sie nun, wenn Sie
   sich selber dort sitzen sehen?

8. Nehmen Sie die liebevollen und guten
   Empfindungen wahr, die Sie nun zu sich selber
   haben.

9. Nehmen Sie sich alle Zeit, die Sie benötigen,
   um nun allmählig und behutsam mit Ihrem
   körperlosen Geist in die Person neben sich zu
   gehen. Tauchen Sie gänzlich in die Person, die
   Sie uneingeschränkt annimmt und liebt. Wenn
   Sie gänzlich im Körper dieser liebevollen
   Person sind, können Sie durch die Augen
   dieser Person sehen und sich selber am
   Schreibtisch sitzen sehen. Sie sehen sich
   selber exakt so, wie die Person Sie sieht: mit
   Toleranz, Ausdauer, Güte und einer
   bedingungslosen Liebe. Sie sehen sich selber,
   wie Sie sich bewegen, wie Sie atmen und wie
   Sie allmählig und aufmerksam schreiben, Der
   liebevolle Blick auf sich selber, gestattet Ihnen
   eher viele kleine Dinge zu bemerken, die Sie
   selber bezaubernd und wunderbar machen und
   die Sie zuvor eventuell nicht gesehen haben.
   Sie sehen so zahlreiche Details, wegen derer
   man Sie mögen und schätzen muss. Sie sehen
   sich selber aus dem Blickwinkel, von

jemandem, der Sie tatsächlich uneingeschränkt
liebt.

10. Genießen Sie das Gefühl und bleiben Sie so
solange Sie möchten. Wenn Sie dann insoweit
sind, kehren Sie mit Ihrem Geist durch die
Glastür wieder zurück in den schreibenden
Körper.

11. Schreiben Sie Ihre Gedanken des gerade
Erlebten nun in Ihre Lebensgeschichte.
Charakterisieren Sie, wie es sich anfühlt, sich
selber mit den Augen einer Person zu
erblicken, die Sie uneingeschränkt liebt.

12. Denken Sie dann an die Zukunft und sein Sie
sich klar, in welchen zukünftigen
Begebenheiten Sie sich an das besonders
schöne Erlebnis entsinnen und hieraus
Kraftentwickeln wollen.

13. Kehren Sie schließlich aus der Übung allmählig
und in Ihrer personenbezogenen Schnelligkeit
zurück aus Ihrem Erlebnis in das Jetzt und
Hier. Nehmen Sie Ihr Umfeld wieder wahr und
hören Sie die Geräusche um Sie herum.
Eventuell wollen Sie sich nun auch real ein
paar Notizen machen. Denken Sie auch daran,
dass Sie diese Übung immer Wiederholen
können.

<u>Schlusswort zu den Übungen.</u>

Wir möchten uns herzlich bei dir bedanken, dass Du
bis zum Ende mitgelesen hast. Das beweist auch dir
selbst, dass Du den nötigen Willen hast, um weiter zu
machen und aus dir selbst ein besseres Ich zu
entwickeln. Nun geht es nur noch darum das Gelernte
auch tatsächlich in die Tat umzusetzen. Beachte
immer, dass Du nicht alles über Nacht schaffen musst.
Es sind vielmehr die kleinen Schritte, die man
tagtäglich geht, um schlussendlich sein Ziel auch zu
verwirklichen. Im Grunde ist es gar nicht so schwer,
wenn man weiß worauf es ankommt und dann auch
damit beginnt Worten Taten folgen zu lassen. Wie
schon am Anfang erwähnt, ist es wichtig sich von
Anfang an nicht allzu viel vorzunehmen. Ansonsten
kommt es nicht selten zu einer Überforderung. Umso
wichtiger ist es sich immer an dem Prinzip des
Cuttings zu bedienen, um einen großen Schritt weiter
zu kommen und schlussendlich das zu schaffen, was
man eigentlich wollte. In den meisten Fällen macht es
sogar Sinn die Messlatte zu niedrig anzusetzen, als zu
hoch, um schlussendlich sein eigentliches Ziel auch
zu verwirklichen. Mit diesen Worten möchten wir uns
auch schon von dir verabschieden und wünsche dir
viel Erfolg bei der Umsetzung.
Ihr

M. Rock und

Ihr

D. Leben

<u>Wie waren die Informationen?</u>

Solltest Du Gefallen an meinem Buch gefunden haben, wäre ich Dir sehr dankbar für Deine Bewertung. Um eine Bewertung zu hinterlassen,

klicke einfach hier ⇨ https://amzn.to/2JcWD8t

und bewerte das Buch mit einigen kurzen Sätzen.

Das dauert nicht länger als 2 Minuten.

Schreibe, was Dir ganz besonders gut gefallen hat und natürlich auch (konstruktiv), solltest Du etwas vermisst haben. Ich lese wirklich jede Bewertung und jedes persönliche Feedback (*info@rdw-traders-club.de*). Das hilft mir dabei, meine Bücher stetig zu verbessern und den persönlichen Kontakt mit meinen Lesern zu intensivieren.

Auf meiner Facebook Seite, in unserer geschlossenen Gruppe, lade ich Sie gerne ein das wir verschieden aktuelle Erlebnisse Diskutieren können und jeder für sich bewerten kann.

Weil meist gibt es nicht nur eine Wahrheit.
https://www.facebook.com/m.rockit/

Besuche mich auf Homepage:

http://www.rdw-traders-club.de/BUeCHER-VON-RDW

Wenn Du über Aktion und Angebote informiert werden möchtest,
Trage Dich bei unserem Newsletter-dienst ein,
versprochen kein Spam.

http://www.rdw-traders-club.de/epages/80159646.sf/de_DE/?ObjectPath=/Shops/80159646&ViewAction=ViewNewsletterVielen herzlichen

Dank für Deine Unterstützung.

M. Rock

Mein Facebook Seite

https://www.facebook.com/m.rockit/

Quellen:

- https://de.wikipedia.org/wiki/Neuro-Linguistisches_Programmieren
- Richard Bandler, John Grinder: *Metasprache und Psychotherapie. Die Struktur der Magie I.* Junfermann, Paderborn 1981, (Meta-Modell und Konzept, Original 1975: *The Structure of Magic.* Band I).
- Albert Bremerich-Vos: *Neurolinguistisches Programmieren – eine Kritik.* In: *FoRuM Supervision.* 5, Nr. 9, 1997, S. 36–57
- Christoph Bördlein: *Gefärbtes Wasser in neuen Schläuchen – Das „Neurolinguistische Programmieren" (NLP).*
- Christoph Bördlein: *Das „Neurolinguistische Programmieren" (NLP) – Hochwirksame Techniken oder haltlose Behauptungen?*
- John Grinder, Richard Bandler: *Kommunikation und Veränderung. Die Struktur der Magie II.* Junfermann, Paderborn 1982, (Meta-Modell und Konzept, Original 1976: *The Structure of Magic.* Band II).
- Richard Bandler, John Grinder: *Patterns. Muster der hypnotischen Techniken Milton H. Ericksons.* Junfermann, Paderborn 1996, (Milton-Modell, Original 1975: *Patterns of the Hypnotic Techniques of Milton H. Erickson, M.D.* Band I).
- Robert B. Dilts, John Grinder, Richard Bandler, Judith DeLozier: *Strukturen subjektiver Erfahrung. Ihre Erforschung und Veränderung durch NLP.* Junfermann, Paderborn 1985, (Strategien des

Verhaltens, Original 1980: *Neuro-Linguistic Programming*. Band I).

- Klaus Grawe, Ruth Donati, Friederieke Bernauer: *Psychotherapie im Wandel. Von der Konfession zur Profession*. Göttingen 1994.
- Franz-Josef Hücker: *Metaphern - Die Zauberkraft des NLP. Ein Leitfaden für Berufspraxis und Training*. Akazien Verlag, Berlin 2009,
- Franz-Josef Hücker: *Vom Guten des Schlechten. Einblicke in die Geschichtsschreibung der NLP-Methode*. In: *Praxis Kommunikation*. Junfermann Verlag Paderborn,
- Uwe Peter Kanning: *Mythos NLP*. In: *Skeptiker* 3/2014,
- Uwe Peter Kanning: *We (2014)n ein Blick mehr sagt als tausend Worte – NLP*. In: *Wenn Manager auf Bäume klettern – Mythen der Personalentwicklung und Weiterbildung*. Pabst Science Publishers 2013,
- Edeltraud Röbe: *Vom Lernfrust zur Lernlust – Ein anderer Unterricht mit NLP, Edukinestetik oder Suggestopädie*. In: *Die Grundschulzeitschrift*. 120, 1998,
- Thomas Saum-Aldehoff: *Die „neurolinguistischen Programmierer" versprechen das schnelle Glück und den Geist Albert Einsteins*. In: Frankfurter Rundschau, 27. September 1997.
- Wolfgang Walker: *Abenteuer Kommunikation. Bateson, Perls, Satir, Erickson und die Anfänge des Neurolinguistischen Programmierens (NLP)*. Klett-Cotta, Stuttgart 1996, (Grundlagen und Geschichte des NLP).
- Robert B. Dilts, Judith DeLozier, Deborah Bacon Dilts: *NLP II – die neue Generation. Strukturen subjektiver Erfahrung – die Erforschung geht weiter*. Junfermann, Paderborn 2013 (Forschung und Entwicklung des NLP, Original 2010: *NLP II. The*

Next Generation. Enriching the Study of the Structure of Subjective Experience.),

1. Nach Wolfgang Walker: *Abenteuer Kommunikation. Bateson, Perls, Satir, Erickson und die Anfänge des Neurolinguistischen Programmierens (NLP).* Klett-Cotta, Stuttgart 1996, Walker fasst zusammen aus: Rupprecht Weerth: *NLP & Imagination. Grundannahmen, Methoden, Möglichkeiten und Grenzen.* Junfermann, Paderborn 1992,
2. Thomas Witkowski: *A review of research findings on Neuro-Linguistic Programming.* In: *The Scientific Review of Mental Health Practice.* Band 9, Nr. 1, 2012, S. 29–40 [PDF; 10,8 MB; abgerufen am 4. Dezember 2015].
3. Jackie Sturt, Saima Ali, Wendy Robertson, David Metcalfe, Amy Grove, Claire Bourne, Chris Bridle: *Neurolinguistic programming: A systematic review of the effects on health outcomes.* In: *British Journal of General Practice.* Band 62, November 2012, S. e757-e764, (freier Volltext).
4. Christopher F. Sharpley: *Research Findings on Neurolinguistic Programming: Nonsupportive Data or an Untestable Theory?* In: *Journal of Counseling Psychology.* Band 34, Nr. 1, 1987, S. 103–107,
5. Tomasz Witkowski: *Thirty-Five Years of Research on Neuro-Linguistic Programming. NLP Research Data Base. State of the Art or Pseudoscientific Decoration?* In: *Polish Psychological Bulletin.* Band 41, Nr. 2, 2010, S. 58–66, [PDF; 800 kB; abgerufen am 7. Oktober 2014]).
6. Richard Wiseman, Caroline Watt, Leanne ten Brinke, Stephen Porter, Sara-Louise Couper, Calum Rankin: *The eyes don't have it: Lie detection and Neuro-Linguistic Programming.* In: *PLoS One.* Band 7, , (freier Volltext).

7. John Carey, Richard Churches, Geraldine Hutchinson, Jeff Jones, Paul Tosey: *Neuro-linguistic programming and learning: Teacher case studies on the impact of NLP in education*. CfBT Education Trust, Reading,

8. Karen Stolznow: *Bad Language. Not-so Linguistic Programming*. In: *Skeptic*. Band 15,

9. Barry L. Beyerstein: *Brainscams: Neuromythologies of the New Age*. In: *International Journal of Mental Health*. Band 19, Nr. 3, 1990

10. Robert B. Dilts, John Grinder, Richard Bandler, Judith DeLozier: *Strukturen subjektiver Erfahrung. Ihre Erforschung und Veränderung durch NLP*. Band I. Junfermann, Paderborn 1985 (englisch: *Neuro-Linguistic Programming*. 1980.).

11. Richard Bandler, John Grinder: *Metasprache und Psychotherapie. Die Struktur der Magie I*. Band I: *Book About Language and Therapy*. Junfermann, Paderborn 1981 (englisch: *The Structure of Magic*. Palo Alto 1975.).

12. Wolfram Lutterer: *Geteilte Tränen*. In: *Lernende Organisation*. Nr. 9, 2002, S. 18–21.

13. Daniel Druckman, John A Swets: *Enhancing Human Performance. Issues, Theories, and Techniques*. National Academy Press, Washington D.C. 1988,

14. Richard Bandler, John Grinder: *Patterns. Muster der hypnotischen Techniken Milton H. Ericksons*. Band I. Junfermann, Paderborn 1996 (Originaltitel: *Patterns of the Hypnotic Techniques of Milton H. Erickson, M.D.* 1975.).

15. W. B. Gumm, M. K. Walker, H. D. Day: *Neurolinguistics programming: Method or myth?* In: *Journal of Counseling Psychology*. Band 29, Nr. 3, Mai 1982,

16. Fred J. Dorn, Bradford I. Brunson, Mike Atwater: *Assessment of primary representational systems*

with neurolinguistic programming: Examination of preliminary literature. In: *American Mental Health Counselors Association Journal.* Band 5, Nr. 4, 1983,

17. Vgl. Paul Watzlawick: *Lösungen: Zur Theorie und Praxis menschlichen Wandels.*

18. RichardBandler, John Grinder: *Reframing.* Hrsg.: Steve Andreas, Connirae Andreas. 9. Auflage. Junfermann, Paderborn 2010,

19. Robert B. Dilts: *Die Magie der Sprache: Sleight of Mouth. Angewandtes NLP.* 5. Auflage. Junfermann, 2016,

20. Richard Bandler: *Veränderungen des subjektiven Erlebens.* Hrsg.: Hilarian Petzold. 4. Auflage. Junfermann, 1987,

21. Michael Heap: *Neurolinguistic programming: What is the evidence?* In: D. Waxman, D. Pedersen, I. Wilkie, P. Mellett (Hrsg.): *Hypnosis, The Fourth European Congress at Oxford.* Whurr Publishers, London 1989,

22. Doris Keller, Dirk Revenstorf: *Das Augenbewegungsmodell des NLP. Physiologische und kognitive Grundlagen.* In: *Hypnose und Kognition.* Band 13, Nr. 1+2, 1996,

23. Timothy C. Thomason, Terry Arbuckle, Daniel Cady: *Test of the eye-movement hypothesis of neurolingusitic programming.* In: *Perceptual and Motor Skills.* Band 51, Nr. 1, 1980,

24. H. Francesconi, M. Francesconi: *Augenbewegungen und funktionale Spezialisierung der Zentralhemisphären bei Normalprobanden.* In: *Zeitschrift für Klinische Psychologie.* 13, Nr. 2, 1984, S. 111–123.

25. W. C. Coe, J. A. Scharcoff: *An empirical evaluation of the neurolingusitic programming model.* In: *International Journal of Clinical and Experimental Hypnosis.* 33, Nr. 4, 1985, S. 310–318.

26. Franz-Josef Hücker, Hans Rebhan: *Bausteine einer berufspraktischen NLP-Ausbildung*. In: *MultiMind – NLP aktuell 2001*. Heft 1, S. 49–53.

27. Uwe Peter Kanning: *Wenn Manager auf Bäume klettern… Mythen der Personalentwicklung und Weiterbildung*. Pabst, Lengerich 2013,

28. Matthew Elich, Richard W. Thompson, Laurence Miller: *Mental imagery as revealed by eye movements and spoken predicates: A test of Neurolinguistic Programming*. In: *Journal of Counseling Psychology*. Band 32, Nr. 4, Oktober 1985, S. 622–625,

29. Karl-Ludwig Holtz: *Neurolinguistisches Programmieren (NLP)*. In: *Sonderpädagogik*. Band 27, Nr. 3, 1997,.

30. Michael Heap: *Neuro-Linguistic Programming. A British Perspective*. In: *Hypnos: Swedish Journal of Hypnosis in Psychotherapy and Psychosomatic Medicine*. Band 15, Nr. 1, 1988, S. 4–13.

31. Hans-Christian Kossak: *Hypnose. Lehrbuch für Psychotherapeuten und Ärzte*. Belz Verlag, Weinheim, Basel 3. korr. Auflage 1997,

32. So die Elterninitiative zur Hilfe gegen seelische Abhängigkeit und religiösen Extremismus e. V.: „Gibt man die beiden Suchbegriffe „NLP" und „Kinesiologie" in der Suchmaschine Google ein, findet man alleine im deutschsprachigen Web über 45.000 Treffer (Stand Mai 2009). Ähnliches gilt für die Kombination ‚NLP', ‚Familienaufstellung' und ‚Hellinger' (über 7.000 Treffer). Ein flüchtiger Blick auf die ersten Seiten der Trefferliste zeigt, dass jeweils tatsächlich NLP in Kombination mit dem entsprechenden esoterischen Verfahren angeboten wird". sektenwatch.de (PDF; 422 kB) November 2013.

33. Ähnlich auch eine Einschätzung der Gesellschaft zur wissenschaftlichen Untersuchung von

Parawissenschaften (GWUP): „Auffallend ist die Nähe des NLP zu esoterischen Kreisen. Viele Institute bieten neben NLP auch allerlei Esoterisches an. Der NLP-typische Machbarkeitswahn ist in anderer Gestalt in vielen New-Age-Therapien zu finden; auch dort kann man alles erreichen, wenn man nur will, sogar seine physische Erscheinung nach Belieben verändern“. gwup.org (PDF; 22 kB) November 2013.

34. Colin Goldner: *Die Psycho-Szene*. Alibri Verlag, Aschaffenburg 2000,

35. C. W. von Bergen, Barlow Soper Gary, T. Rosenthal, Lamar V. Wilkinson: *Selected alternative training techniques in HRD*. In: *Human Resource Development Quarterly*. Band 8, Nr. 4, 1997, S. 281–294,

36. Carmel Lum: *Scientific Thinking in Speech and Language Therapy*. Psychology Press, Oxford 2001,

37. Scott O. Lilienfeld, Jeffrey M. Lohr, Dean Morier: *The Teaching of Courses in the Science and Pseudoscience of Psychology: Useful Resources*. In: *Teaching of Psychology*. Band 28, Nr. 3, Juli 2001,

38. Dana S. Dunn, Jane S. Halonen, Randolph A. Smith: *Teaching Critical Thinking in Psychology: A Handbook of Best Practices*. Wiley-Blackwell, Chichester 2008,

39. Internationale NLP Forschungsdatenbank (englisch)

40. Christoph Bördlein: *Das „Neurolinguistische Programmieren“ (NLP) – Hochwirksame Techniken oder haltlose Behauptungen?* In: *Schulheft*. Band 103. Verein der Förderer der Schulhefte, Wien,

41. Joachim Bliemeister: *Empirische Überprüfung zentraler theoretischer Konstrukte des Neurolinguistischen Programmierens (NLP)*. In: *Zeitschrift für Klinische Psychologie*. Band 17, Nr. 1, 1988,

42. Gareth Roderique-Davies: *Neuro-linguistic programming: Cargo cult psychology?* In: *Journal of Applied Research in Higher Education.* Band 1, Nr. 2, 2009,

43. Michael C. Corballis: *Are we in our right minds?* In: Sergio Della Sala (Hrsg.): *Mind Myths: Exploring Popular Assumptions About the Mind and Brain.* John Wiley & Sons, Chichester 1999,

44. Hanna Pulaczewska: *Neurolinguistisches Programmieren: Hält es, was es verspricht?* In: Edda Weigand (Hrsg.): *Dialogue analysis XI. Proceedings of the 11th IADA Conference on „Dialog Analysis and Rhetoric". 26.–30. März 2007* (= *iada.online.series*). Nr. 1. PDF; 6,8 MB; abgerufen am 7. Oktober 2014]

45. Helmut Lukesch: *Wunsch und Wirklichkeit – Der esoterische Machbarkeitswahn.* In: B. Wisniewski, A. Vogel (Hrsg.): *Schule auf Abwegen – Mythen, Irrtümer und Aberglaube in der Pädagogik.* Schneider, Baltmannsweiler 2013,

46. Julia Lindner: *Die 10 größten Irrtümer der Pädagog*

47. https://www.zeitzuleben.de/nlp-fur-den-alltag/

48. Viele Beiträge und Workouts dieses Buches aus den Büchern entnommen|:

49. NLP-Welten von Susanne Haag und Praxiskurs

50. NLP von Steve Andreas und Charles Faulkner.

Rechtliches

Für Fragen und Anregungen:

info@rdw-traders-club.de

BUCHTITEL

N L P für Anfänger

16 geniale und effektive NLP-Techniken

um Ihr Unterbewusstsein auf Selbstbewusstsein,

Erfolg und Glück zu programmieren

Autoren: M. Rock & D. Leben

Auflage,1   JAHR 2018

© by M Rock

Herausgeber dieses Buches ist

VERLAG: Rock die Wellen Traders Club

ADRESSE: An der Brenzbahn 6

PLZ, 89073 **ORT**, ULM

Ansprechpartner Rose, Marcus

Steueridentifikation: USt-IdNr.: DE306394148

Lektorat & Korrektorat: RDW – Traders CLUB

Cover: Germancreative
(https://www.fiverr.com/germancreative)

ISBN: 9781983055133

Bilder: werden ausschließlich von
https://pixabay.com/ verwendet

Druckerei: Amazon Media EU S.à r.l., 5 Rue
Plaetis, L-2338, Luxembourg

Mein Facebook Seite

https://www.facebook.com/m.rockit/

Disclaimer-Alle Inhalte dieses
Ratgebers/Kochbuches wurden nach
bestem Wissen und Gewissen verfasst
und nachgeforscht. Allerdings kann
keine Gewähr für die Korrektheit,
Ausführlichkeit und Vollständigkeit der
enthaltenen Informationen gegeben
werden. Der Herausgeber haftet für
keine nachteiligen Auswirkungen, die in
einem direkten oder indirekten
Zusammenhang mit den Informationen
dieses Ratgebers stehen.

Bücher Tipps aus meiner Buchserie

KURZ UND KNAPP

SCHRITT FÜR SCHRITT
ENTRÜMPELN
aber richtig!
WIE DU DICH DURCH AUSMISTEN
WIEDER IN DEINEN EIGENEN
VIER WÄNDEN WOHL FÜHLST
M. ROCK & D. LEBEN

RAUCHFREI
RAUCHEN IST DER SICHERSTE WEG IN DEN TOD
M. ROCK

BURNOUT
VERSTEHEN
ERSCHÖPFUNG DER SEELE
M. ROCK

DIE SCHRITT FÜR SCHRITT-ANLEITUNG
Selbstliebe
LERNEN
WIE DU MEHR LIEBE UND AKZEPTANZ
ZU DIR SELBST AUFBAUST.
FÜR MEHR SELBSTBEWUSSTSEIN.
M. ROCK

M. ROCK
TRAUER UND VERLUST
VERSTEHEN
DAS ÜBERWINDEN VON TRAUER UND VERLUST
RDW

RDW
SCHRITT FÜR SCHRITT
MEDITATION
LERNEN
MEDITATION FÜR ANFÄNGER
FÜR MEHR AUSGEGLICHENHEIT,
GELASSENHEIT UND ENERGIE
M. ROCK & D. LEBEN

DER
DARM
IST DAS SPIEGELBILD DER HAUT
SCHÖNE HAUT, GESUNDER DARM UND
EINFACHEN METHODEN ZUR GESUNDHEIT
M. ROCK

ZUCKER
FREI
DER BESTE WEG AUS DER ZUCKER FALLE
DIE VOLKS DROGE NUMMER 1
M. ROCK